Eis: heiß geliebt und kalt gegessen

Eis schmeckt einfach immer – ob im Sommer auf einer sonnigen Terrasse oder im Winter als Abschluß eines festlichen Menüs. Und selbstgemachtes Eis ist das Tüpfelchen auf dem i: Aus reinen, aromatischen Zutaten zubereitet, verspricht es Frische und Qualität – da weiß man, was man genießt. Mit den verführerischen Rezepten dieses Buches gelingen Ihnen die köstlichen Eisspezialitäten, Sorbets und Granités – von klassisch bis festlich – ganz leicht. Probieren Sie mal, wie hinreißend und vielfältig das Eis aus der eigenen »Gelateria« schmecken kann!

Die Farbfotos gestalteten Odette Teubner und Kerstin Mosny.

2

3

Beste Zutaten

Eis selber machen, ist keine Zauberei. Die meisten Zutaten sind in einer »gesunden« Küche sowieso vorhanden: frische Milch, Joghurt, Sahne, Eier, Früchte, Blütenhonig, Zucker und Schokolade bilden die Basis. Vanille, Zitronensaft, Nüsse, Krokant, Kaffee, Marzipan, Liköre, Obstwässer und ähnliches bestimmen das Aroma. Je frischer und aromatischer die Zutaten sind, desto feiner wird das Eis.

Minustemperaturen verändern Aromen: Die Zunge empfindet zum Beispiel die Süße eiskalter Speisen weniger intensiv. Zucker und andere Süßungsmittel können Sie daher kaum einsparen, zumal diese dem Eis auch »Körper«, das heißt Volumen und Masse geben. Außerdem wirken sie als mildes »Frostschutzmittel«, das bedeutet die richtige Menge an Zuckerstoffen bewirkt, daß das Eis nicht zu hart wird. Ältere Eisrezepte schreiben daher ziemlich viel Zucker vor. Nach modernem Ernährungsverständnis sind solche Mengen aber ganz ungesund und sollten reduziert werden. Eine cremige Konsistenz erreichen wir auch noch mit anderen Mitteln, zum Beispiel mit weißer oder brauner Schokolade. Sie enthält unter anderem Pflanzenlecithin, einen vorzüglichen Emulgator, den man in reiner Form nicht überall kaufen kann. Er bewirkt, daß sich Wasser und Fett besonders gut verbinden. Eigelbe sind ebenfalls hervorragende Emulgatoren. Die cremi-

ge Eiskonsistenz hängt außerdem vom Fettgehalt (Sahne, Butter) und von der in der Eismasse eingeschlossenen Luft ab (Schlagsahne, Eischnee). Edle Aromen sollten Sie nie zu sparsam verwenden: Ähnlich wie Zucker schmecken die meisten Aromastoffe tiefgekühlt weniger intensiv. Ihre Qualität läßt sich jedoch niemals verleugnen: Wenn sie im Mund aus dem »Kälteschlaf« erwachen, zergehen sie im buchstäblichen Sinn auf der Zunge und bestimmen entscheidend, wie gut das Eis schmeckt. Sparen Sie daher nie an der Qualität aromagebender Eiszutaten, zum Beispiel dem Bourbon-Vanillezucker oder den Likören. Der Geschmack nicht mehr ganz frischer Zutaten oder gar beginnenden Verderbs intensiviert sich im gefrorenen Zustand immer, ganz gleich, um welche Zutat es sich handelt. Wenn Sie Früchte oder Beeren fürs Eis einkaufen, lassen Sie sich nicht vom Aussehen täuschen, probieren Sie und nehmen Sie die frischeste und aromatischste Ware.

Frischmilch, Frischmilcherzeugnisse und Früchte von bester Qualität geben dem Eis aus der eigenen »Eiskonditorei« die unnachahmlich feine Note. Wenn Sie ultrahocherhitzte »H«-Produkte verwenden, schmeckt Ihr eigenes Eis den Industrieprodukten schon ähnlicher. Für diese können nämlich nur haltbare Rohstoffe verwendet werden und einiges aus der Trickkiste der Lebensmitteltechnologie, sonst würde das Eis ja nicht bis zum Verkaufs-

tag den Geschmack, die Konsistenz und die geringe Keimbelastung bewahren. Gerade hier liegen die Trümpfe für selbstgemachtes Eis: Frische, Natürlichkeit und edles Aroma. Die Haltbarkeit ist kurz, die Zubereitung jedoch meist unkompliziert und schnell. Warum sollten Sie solche Genüsse auch schon lange aufbewahren?

Eis aufbewahren

»Aktion Eichhörnchen« gilt nicht für selbstgemachtes Eis. Untersuchungen haben gezeigt, daß bereits nach 2 Tagen die Keimbelastung erheblich zunimmt. Einige Keime, für die Eier, Zucker und Milchprodukte gute Nährböden sind, vermehren sich leider auch bei Minustemperaturen. Zwar bei weitem nicht so schnell wie in warmer Umgebung, aber doch in unerwünschtem Ausmaß. Deshalb sollten Sie die vorbereitete Eismasse niemals stehen lassen, sondern sofort in die Eismaschine oder ins Gefriergerät geben. Bedenken Sie, daß »Eiszeiten« meist »heiße Zeiten« sind. Und an schwülwarmen Sommertagen können sich die unerwünschten Keime geradezu astronomisch vermehren. Dagegen hilft nur: saubere, mit heißem Wasser gespülte Geräte und Gefäße für die Zubereitung, schnelles Arbeiten mit gekühlten Zutaten und sofortiges Einfrieren der Eismasse. Wenn Sie Eis in der Eismaschine zubereiten, sollten Sie die Eismasse vorher aus technischen Gründen lediglich auf

4

Kühlschranktemperatur abkühlen lassen, weil eine zu warme Masse die im Behälter der Maschine gespeicherte Kälte »auftaut«, so daß kein Speiseeis mehr entstehen kann. Das fertige Eis schmeckt am Zubereitungstag am allerbesten. Was übrig bleibt, bewahrt im Kälteschlaf bei mindestens -18° (*** oder ****-Tiefkühlgerät oder -fach) noch 1–2 Tage den Geschmack, die Konsistenz und den hygienisch einwandfreien Zustand. Manche Sorten, besonders die aus der Eismaschine, werden allerdings am nächsten Tag ziemlich hart. Und wenn die Temperatur in Ihrem Gefriergerät noch unter -18° liegt, kann das Speiseeis auch »zu Stein« gefrieren. Eis aus der Eismaschine enthält weniger Fett, Eier, Luft und Zucker, braucht weniger Arbeit, enthält dafür aber mehr Wasseranteile, und Wasser friert bekanntlich steinhart. Stellen Sie hartgefrorenes Eis etwa 30 Minuten vor dem Servieren in den Kühlschrank oder lassen Sie es 10–15 Minuten bei Zimmertemperatur antauen – und das Eis ist wieder cremig. Zaubern kann in diesem Fall die Mikrowelle: Sie können das Eis im Plastikbehälter bei voller Leistung (600–700 Watt) in 1/2 Minute (weniger als 1/2 l Eis) oder in 1 Minute 1/2 – 1 l Eis) cremig werden lassen. Das Ergebnis ist perfekt. Angetautes Eis sollte jedoch nie wieder eingefroren werden, genausowenig wie alle anderen Tiefkühlerzeugnisse auch. Aber selbstgemachtes Eis ist so schnell produziert und schmeckt so gut, daß man es sowieso gleich vernaschen sollte.

Gutes Eis braucht keine meilenweiten Einkaufsmärsche. Alle Basiszutaten bekommen Sie im nächsten Lebensmittelgeschäft. Von links nach rechts: Schokolade, Honig, Zucker, frische Früchte, Milch, Joghurt, Sahne, Eier.

Hilfreiche Technik

Als erstes brauchen Sie drei bis vier Sterne: ein Gefriergerät oder einen Kühlschrank mit ***- oder ****-Kennzeichnung. Im *- oder **- Stern-Kühlschrank können Sie Eissorten ohne Eismaschine herstellen, Sie sollten dann jedoch längere Gefrierzeiten und sehr kurze Lagerzeiten einkalkulieren und für die Zubereitung und das Aufbewahren nur Edelstahlgefäße verwenden.
Bei –18° (*** oder ****) gefrieren luftige Massen aus Eischaum, Schlagsahne und feinen Aromen zu edlem Eis. Nach meiner langjährigen Eis-Erfahrung haben sich dafür Plastik-Tiefkühlbehälter am besten bewährt. Darin dauert es zwar etwas länger als in Metallbehältern, die Masse gefriert aber gleichmäßiger und bleibt cremiger.
Erfrischende Flüssigkeiten oder Fruchtpürees, in einem Metallgefäß ins Gefriergerät gestellt, werden bei öfterem Umrühren zu herrlich kühlenden Sorbets und Granités. Die angegebenen Gefrierzeiten sind übrigens immer »circa«-Angaben. Sie können bei Ihnen zu Hause kürzer oder länger sein. Mehrere Faktoren sind ausschlaggebend für eine längere oder kürzere Gefrierzeit: die Temperatur im Gefriergerät, die Temperatur der Zutaten und der fertigen Eismasse vor dem Gefrieren (sie hängt auch vom Wetter und vom »Küchenklima« ab), das Material des Tiefkühlbehälters und, last but not least, die »Position« der Eismasse im Gefriergerät. Denn der Innenraum des Geräts hat nicht überall die gleiche Temperatur. Außer einem Gefriergerät oder Tiefkühlfach brauchen Sie für viele Eisrezepte ein Gerät, mit dem Sie Schlagsahne oder Eischnee schlagen können. Ob mit einem guten Schneebesen von Hand, den Quirlen eines elektrischen Handrührgerätes oder einer Küchenmaschine: Die luftige »Schaumschlägerei« sollte immer schnell gehen und die Grundzutaten dafür sollten immer aus dem Kühlschrank kommen. Für erfrischendes Fruchteis ist ein Mixer oder wenigstens ein Pürierstab praktisch, um die Früchte oder Beeren fein zu pürieren.

Selbstgemachtes Eis aus frischem Obst und anderen köstlichen Zutaten schmeckt einfach konkurrenzlos gut.

Eismaschinen

Eismaschinen liefern in 10–40 Minuten cremiges Eis. Mit einer Eismaschine geht das so einfach, daß Sie sich fragen werden, warum Sie nicht schon längst Ihr eigener Eiskonditor geworden sind.
Eine selbstkühlende Eismaschine steht jederzeit unbegrenzt zur Verfügung. Sollten Sie sich trotz des hohen Preises für solch ein »Mini-Gefriergerät mit Rührarm« interessieren, dann informieren Sie sich gründlich im Elektro-Fachhandel: Die Preise sind je nach Fassungsvermögen und auch von Geschäft zu Geschäft verschieden. Erschwingliche Eismaschinen

brauchen jedoch auch nur wenig Vorbereitung. Sie funktionieren so: Ein Behälter oder eine flache Scheibe wird für mindestens 18 Stunden bei −18° im Gefriergerät mit Kälte »aufgeladen«. Diese reicht aus, um eine Eismasse zwischen 1/2 und 1 Liter (je nach Fassungsvermögen) in 10–40 Minuten gefrieren zu lassen. Während des Gefriervorgangs wird die Masse meist durch Drehen des Behälters bei feststehendem Rührarm bewegt. Es gibt kleine Eismaschinen, bei denen Sie selbst umrühren müssen. Für den Anfang und bei geringem Eisbedarf ist das ganz nett, auf die Dauer ist die elektrische Lösung aber effektiver. Die Zutaten für Eis aus der Eismaschine müssen zuvor lediglich mit dem Schneebesen oder im Mixer gut gemischt werden und sollten stets gut gekühlt sein. Entweder nehmen Sie alle Zutaten direkt aus dem Kühlschrank oder Sie kühlen die warme Eismasse im Kühlschrank in etwa 2 Stunden auf die geeignete Temperatur ab. Das ist wichtig, denn im Sommer kann die »Küchentemperatur«, und damit auch die Temperatur der Eismasse, 25–30° betragen und das kann ausreichen, um den gefrorenen Behälter schnell aufzutauen. Dann gibt es kein Eis.

Vor dem Kauf einer Eismaschine bedenken Sie bitte folgende Aspekte:

• In der Regel lohnt es sich, mit dem »Eisgeschäft« nicht zu klein anzufangen. Achten Sie daher auf das Fassungsvermögen.

Moderne Technik für die eigene »Gelateria«: Links ein Gerät, das mit einem scheibenartigen Behälter (im Hintergrund) eiskalt »aufgeladen« wird. Die beiden anderen Geräte arbeiten mit topfförmigen Behältern. Das Gerät vorne kann 2 Eissorten gleichzeitig rühren.

• Die Behälter oder Scheiben der neuen Eismaschinen passen praktisch in jedes Tiefkühlfach. Informieren Sie sich, was für Sie am günstigsten ist. Den Raum, den die Behälter im Tiefkühlfach einnehmen, brauchen Sie hinterher auch für das fertige Eis. Selten nämlich fällt der Moment, in dem die Maschine gerade fertig ist, mit dem des Servierens genau zusammen. Die meisten Eissorten brauchen noch etwas Nachfrierzeit bei −18° im Gefriergerät. Und wenn Sie zum Beispiel Heiße Himbeeren (Rezept Seite 24) oder Heiße Mokkaschokolade (Rezept Seite 36) zum Eis servieren möchten, sollte dieses

bis zu zwei Stunden nachfrieren, sonst könnte es sofort »dahinschmelzen«.

• Zu den meisten Maschinen können Sie zusätzliche Behälter kaufen, dann müssen Sie nicht jeweils wieder 18 Stunden warten, bis Sie neues Eis in der Maschine machen können.

• Eine interessante Möglichkeit sind zum Beispiel die neuen Eismaschinen mit zwei Behältern, in denen gleichzeitig zwei verschiedene Sorten oder die doppelte Menge der gleichen Sorte Eis entsteht.

• Informieren Sie sich in jedem Fall vor dem Kauf gut im Elektro-Fachhandel.

7

Was paßt wozu?

Die Tabelle umfaßt eine Auswahl aus den Rezepten und Varianten dieses Buches. Sie können aus ihr ersehen, welche bekannten Eissorten oder ausgefallenen neuen Eiskreationen sich miteinander kombinieren lassen. Die Tabelle sagt Ihnen außerdem, welche Saucen und dekorative Zutaten zu den einzelnen Eissorten passen.

	Eiswaffeln	Früchte	Schlagsahne	Krokant	Weiße Schokoladensauce	Heiße Schokolade	Heiße Mokkaschokolade	Heiße Kirschen	Heiße Himbeeren	Honig-Sesam-Eis	Gurken-Joghurt-Eis	Malven-Baiser-Eis	Natursüßes Eis	Orangen-Schokoladen-Eis	Stracciatella	Weißes Schokoladeneis	Fruchteis	Beeren-Joghurt-Eis	Buttermilch- Joghurt- oder Sauerrahmeis	Weißes-Kaffee-Eis	Nußeis	Schokoladeneis	Vanille-Eis
Vanille-Eis	X	X	X	X		X	X	X	X				X	X	X	X	X	X	X	X	X	X	
Schokoladeneis	X		X	X	X	X	X		X				X	X	X					X	X		X
Nußeis	X		X	X	X	X	X		X		X		X	X	X	X						X	X
Weißes-Kaffee-Eis	X		X	X		X	X	X					X	X							X	X	X
Buttermilch- Joghurt-	X	X	X	X				X		X	X					X	X						X
oder Sauerrahmeis	X	X	X	X				X		X	X					X	X						X
Beeren-Joghurt-Eis	X	X	X	X	X											X		X	X		X		X
Fruchteis	X	X	X	X	X											X	X	X			X		X
Weißes Schokoladeneis	X		X			X	X	X				X	X	X						X	X	X	X
Stracciatella	X					X		X						X						X	X	X	X
Orangen-Schokoladen-Eis	X	X	X	X		X	X							X								X	X
Natursüßes Eis	X	X	X	X										X							X		
Malven-Baiser-Eis	X	X						X		X						X	X						
Gurken-Joghurt-Eis	X			X							X					X	X						
Honig-Sesam-Eis	X							X						X							X	X	
Heiße Himbeeren											X					X	X						X
Heiße Kirschen									X					X	X					X	X	X	X
Heiße Mokkaschokolade													X		X					X	X	X	X
Heiße Schokolade													X		X					X	X	X	X
Weiße Schokoladensauce																X	X					X	X
Krokant									X		X	X		X	X	X	X	X	X	X	X	X	X
Schlagsahne											X	X		X	X	X	X	X	X	X	X	X	X
Früchte											X	X	X		X	X	X	X					X
Eiswaffeln								X	X	X	X	X	X	X	X	X	X	X	X	X	X	X	X

Eiswaffeln oder -hörnchen selbstgemacht

Vielleicht möchten Sie zu Ihrem Eis auch eigene Eiswaffeln und Eistüten produzieren. Kein Problem mit einem Hörnchenautomaten. Er sieht von außen genauso aus wie ein normales rundes Waffeleisen, hat innen jedoch eine ganz flache Backfläche mit einem hübschen Muster.
Zur Information ein Foto dazu und ein Rezept für knusprige, frische Eiswaffeln.

Zutaten für 80 Waffeln oder 20 Hörnchen:
50 g Butter · 50 g Zucker
1 Teel. (1/2 Päckchen) Bourbon-Vanille- oder Vanillinzucker
eventuell 1 Messerspitze Zimtpulver
0,1 l Wasser · 100 g Mehl
2 Eier oder 4–5 Eigelb
Zum Backen: eventuell etwas Öl

Gelingt leicht

Pro Hörnchen etwa:
260 kJ/60 kcal
2 g Eiweiß · 3 g Fett
6 g Kohlenhydrate

• Zubereitungszeit: etwa 40 Minuten

1. Die Butter in Flöckchen mit dem Zucker, dem Vanille- oder Vanillinzucker, eventuell dem Zimt und dem Wasser auf dem Herd bei mittlerer Hitze unter Rühren erwärmen, bis die Butter geschmolzen und der Zucker aufgelöst ist. In einer Rührschüssel etwas abkühlen lassen. Das Mehl und die Eier oder die Eigelbe hinzufügen und alles mit einem Schneebesen glattrühren.

2. Den Hörnchenautomaten vorheizen. Die Backflächen (je nach Angaben des Herstellers)

mit wenig Öl einpinseln. Pro Backvorgang je 1 Eßlöffel Teig in die Mitte des unteren Eisens geben. Den oberen Teil des Eisens für einige Sekunden fest auf den unteren Teil drücken. Die Waffel in 1–2 Minuten knusprig goldbraun backen, herausnehmen und auf einem Kuchengitter abkühlen lassen. Für Eiswaffeln das Gebäck sofort nach dem Backen kreuzweise einritzen und nach dem Abkühlen in vier Teile brechen. Für Hörnchen das Gebäck direkt vom Eisen herunter schnell zu Tüten drehen.

Nicht nur Eis, auch knusprige Eiswaffeln oder Eishörnchen können Sie in der eigenen »Manufaktur« ganz leicht zubereiten: ein spezieller Hörnchenautomat macht's möglich.

Vanille-Eis

Zutaten für etwa 1/2 l Eis,
etwa 4 Portionen:

1/8 l Milch
60 g Zucker
1 Päckchen Bourbon-Vanille-
oder Vanillinzucker
200 g Sahne
2 Eier

Ganz einfach

Pro Portion etwa:
1300 kJ/310 kcal
9 g Eiweiß · 23 g Fett
19 g Kohlenhydrate

● Zubereitungszeit: etwa 3 Stunden (davon 2 Stunden Abkühlzeit und 30–45 Minuten Gefrierzeit)

1. Die Milch mit dem Zucker und dem Bourbon-Vanille- oder Vanillinzucker unter ständigem Rühren bei schwacher Hitze erwärmen, bis sich der Zucker aufgelöst hat.

2. Die Mischung in ein kühles Gefäß füllen, mit der Sahne verrühren und im Kühlschrank zugedeckt in etwa 2 Stunden gut abkühlen lassen.

3. Die Eier mit einem Schneebesen unter die abgekühlte Masse rühren.

4. Die Masse in den laufenden Behälter der Eismaschine füllen und in 15–30 Minuten gefrieren lassen.

5. Das fertige Eis in einen Tiefkühlbehälter umfüllen und im Tiefkühlgerät/-fach mindestens 15 Minuten nachfrieren lassen.

Varianten:
Schokoladeneis
Die Milch mit 70 g Zucker, 1/2 Päckchen Vanille- oder Vanillinzucker, 30 g Kakao (2 Eßlöffeln) und 1 Messerspitze Zimt unter ständigem Rühren ein paarmal aufkochen lassen. Die Masse in ein kühles Gefäß füllen, mit der Sahne verrühren, auf Kühlschranktemperatur abkühlen, die Eier hinzufügen und das Eis weiter so zubereiten, wie im Rezept für Vanille-Eis beschrieben.

Nußeis
50 g Haselnußkerne in einer (möglichst schweren) Pfanne unter ständigem Wenden bei mittlerer Hitze rösten, bis die Nüsse angenehm duften und die braunen Schalen zu platzen beginnen. Die Pfanne vom Herd nehmen und die Nüsse darin noch etwa 1 Minute unter Wenden weiter rösten, dann fein mahlen. Die gemahlenen Nüsse mit 1/4 l Milch, 80 g Zucker, 1/2 Päckchen Bourbon-Vanille- oder Vanillinzucker und 1 Messerspitze Zimt unter ständigem Rühren 1–2 Minuten kochen, den Topf vom Herd nehmen und die Mischung darin zugedeckt bei Zimmertemperatur abkühlen lassen (das dauert 1–2 Stunden). Dann die Nußmischung durch ein Sieb (am besten ein Spitzsieb) gießen, die Flüssigkeit auffangen, den Rückstand im Sieb mit einem Löffel gut ausdrücken (ergibt etwa 0,2 l Nußmilch; der Rückstand kann später eventuell in einem süßen Auflauf verwendet werden). Die Nußmilch wie im Rezept mit der Sahne und den Eiern verrühren, auf Kühlschranktemperatur abkühlen und das Eis weiter so zubereiten, wie im Rezept für Vanille-Eis beschrieben.

Aus eins mach drei: Das Vanille-Eis (im Bild unten) können Sie ganz leicht abwandeln zu Nußeis (im Bild Mitte) oder zu Schokoladeneis (im Bild oben)

Vanille- und Schokoladen- parfait

»Eisparfait« oder »Halbgefrorenes« sind Fachausdrücke für eine gefrorene Schaummasse aus Eiern, Zucker und Sahne. Die Definitionen sind allerdings nicht einheitlich. Am einfachsten ist es daher, alle gefrorenen Süßspeisen als Eis zu bezeichnen. Dieses »Eisparfait« wird nach einer speziellen Methode zubereitet – das Ergebnis ist köstlich und »nahrhaft«. – Und Sie brauchen dazu keine Eismaschine.

Zutaten für etwa 1,7 l Eis, etwa 15 Portionen:
100 g Zartbitterschokolade
4 EßI. Milch
1 EßI. und 120 g Puderzucker
4 Eier
1 Teel. Zitronensaft
200 g Sahne
1 EßI. lauwarmes Wasser
2 Päckchen Bourbon-Vanillezucker

Gelingt leicht

Pro Portion etwa:
710 kJ / 170 kcal
4 g Eiweiß · 9 g Fett
17 g Kohlenhydrate

- Zubereitungszeit:
  etwa 30 Minuten
- Gefrierzeit: 5–7 Stunden

1. Die Schokolade in Stücke brechen und zusammen mit der Milch und 1 Eßlöffel Puderzucker im heißen Wasserbad unter öfterem Rühren schmelzen und glattrühren. Die Schokolade abkühlen, aber nicht erkalten lassen, dabei gelegentlich umrühren.

2. Die Eier trennen. Die Eiweiße mit knapp einem Viertel des restlichen Puderzuckers und dem Zitronensaft steif schlagen.

3. Die Sahne mit knapp einem Viertel des restlichen Puderzuckers ebenfalls steif schlagen.

4. Die Eigelbe mit dem Wasser, dem Bourbon-Vanillezucker und dem restlichen Puderzucker dickcremig aufschlagen (das dauert mit den Schneebesen eines elektrischen Handrührgerätes oder einer Küchenmaschine etwa 5 Minuten).

5. Die drei Schaummassen vorsichtig mischen: zuerst je 1 Eßlöffel Eischnee und Schlagsahne unter den Eigelbschaum mischen, dann je 2 Eßlöffel. So fortfahren und steigern, bis eine gleichmäßige Schaummasse entstanden ist.

Tip!

Die »Schaumschlägerei« ist hier so eingerichtet, daß Sie Geschirr und damit Zeit sparen. Wenn Sie in der angegebenen Reihenfolge arbeiten, können Sie dieselbe Schüssel nacheinander für den Eischnee, für die Schlagsahne und für den Eigelbschaum benutzen. Selbstverständlich sollte dann schnell hintereinander gearbeitet werden, und der jeweils fertige Schaum sollte möglichst kühl gestellt werden, damit nichts zusammenfällt.

6. Die Hälfte der Masse in einen Tiefkühlbehälter von etwa 1 l Inhalt füllen und ins Gefriergerät stellen.

7. Die Schokolade nochmals gut durchrühren und nach und nach vorsichtig, doch gründlich, unter die restliche Schaummasse mischen.

8. Die Schokoladen-Eismasse in einen Tiefkühlbehälter von etwa 1 ml Inhalt füllen und beide Eissorten in 5–7 Stunden bei mindestens -18° gefrieren lassen.
Das Eis portionieren und zusammen dekorativ anrichten.

Feines Vanille-Eis

Zutaten für etwa 1/2 l Eis,
etwa 4 Portionen:
1/2 Vanilleschote
1/4 l Milch
3 Eigelb
1 Eßl. Wasser
50 g Puderzucker
100 g Sahne
Zum Abkühlen: Eiswürfel

Etwas schwierig

Pro Portion etwa:
1800 kJ/430 kcal
15 g Eiweiß · 34 g Fett
17 g Kohlenhydrate

- Zubereitungszeit: etwa 1–1 1/2 Stunden (davon 30 Minuten – 1 Stunde Abkühlzeit)
- Gefrierzeit: 15–30 Minuten in der Eismaschine oder 5–7 Stunden im Gefriergerät

1. Die Vanilleschote längs aufschneiden und das Mark herauskratzen. Das Vanillemark und die -schote in der Milch auf dem Herd bei schwacher Hitze erwärmen, einmal aufkochen lassen. Den Topf vom Herd nehmen und den Inhalt zugedeckt etwa 10 Minuten ziehen lassen. Dann die Vanilleschote aus der Milch nehmen.

2. Die Eigelbe in einem Wasserbadeinsatz (noch ohne Hitzezufuhr) mit dem Wasser und dem Puderzucker dickschaumig aufschlagen. Die warme Vanillemilch auf einmal dazugießen und alles auf dem heißen Wasserbad zu lockerem Schaum aufschlagen (mit den Schneebesen eines elektrischen Handrührgerätes langsame bis mittlere Geschwindigkeit). Sobald der Schaum dampft, immer wieder einen Eßlöffel in die Masse tauchen. Wenn der Schaum am Löffel haften bleibt, den Einsatz aus dem Wasserbad nehmen und die Schaummasse auf einem Eiswasserbad (für das Eiswasserbad den Wasserbadeinsatz in ein Gefäß mit Eiswürfeln und eiskaltem Wasser einhängen) kalt schlagen.

3. Zum Gefrieren in der Eismaschine die Schaummasse im Kühlschrank zugedeckt 30 Minuten – 1 Stunde gut abkühlen lassen. Dann die Sahne unter den Schaum rühren, die Eismasse in den laufenden Behälter der Eismaschine füllen und in 15–30 Minuten gefrieren lassen.

4. Zum Gefrieren im Gefriergerät die Sahne halbsteif schlagen und unter den abgekühlten Schaum mischen. Die Eismasse in einen Tiefkühlbehälter von etwa 0,7 l Inhalt füllen und im Gefriergerät in 5–7 Stunden gefrieren lassen, dabei unbedingt stündlich vorsichtig umrühren.

Varianten:
Weißes Kaffee-Eis
Statt der Vanilleschote 20 g (2 Eßlöffel) ganze Kaffeebohnen in der Milch erhitzen, aufkochen lassen, umrühren und etwa 15 Minuten zugedeckt bei Zimmertemperatur ziehen lassen. Die Kaffeemilch durch ein Sieb in den Eigelbschaum gießen. Sonst so zubereiten wie das Vanille-Eis.

Walnußeis
50 g halbe Walnußkerne in einer (möglichst schweren) Pfanne ohne Fettzugabe rösten, bis sie angenehm duften und beginnen, etwas dunkler zu werden. Die Nüsse fein mahlen. Die Eismasse mit nur 1/4 Vanilleschote herstellen. Die gemahlenen Nüsse vor dem Gefrieren zur Eismasse geben.

Schokoladeneis
Die Vanillemilch nur mit 1/4 Vanilleschote zubereiten. 1/2 Tafel Zartbitterschokolade mit 4 Eßlöffeln Sahne schmelzen und unter die heiße Vanillemilch rühren. Die warme Schokoladenmilch zum Eigelbschaum geben und wie beim Vanille-Eis aufschlagen und zubereiten.

Bei der Garnierung von Eisbechern sind Ihrer Phantasie keine Grenzen gesetzt. Vor allem blassere Eissorten wie das Feine Vanille-Eis links vertragen bunte Farben. Mit von der Partie im Eisbecher: Schokoladeneis (rechts) und Weißes Kaffee-Eis (hinten).

Buttermilcheis

Eis aus den klassischen Sauer-milchprodukten schmeckt köst-lich erfrischend und paßt be-sonders gut zu Früchten. Außer Früchten der Saison oder Ihren Lieblingssorten können Sie hier Fruchtsorten verwenden, die sich sonst nicht so gut zu Fruchteis verarbeiten lassen, wie zum Beispiel Kiwi, deren Kerne beim Pürieren bitter wer-den können. Auch eingelegte Früchte wie Preiselbeeren har-monieren gut mit diesen säuerli-chen Eissorten.

Zutaten für etwa 1/2 l Eis, etwa 4 Portionen:
50 g weiße Schokolade
50–70 g Zucker (nach Geschmack)
100 g Sahne
1/4 Zitrone (unbehandelt)
1 Teel. Blütenhonig
1 kleine Messerspitze Zimtpulver
3/8 l Buttermilch
2 Eßl. Zitronensaft
Für Eisbecher: beliebige gewasche-ne, geputzte und eventuell grob zerkleinerte Früchte, geschlagene Sahne oder Sahnejoghurt

Gelingt leicht · Raffiniert

Pro Portion (ohne Früchte und Sahne oder Sahnejoghurt) etwa:
1100 kJ/260 kcal
5 g Eiweiß · 12 g Fett
35 g Kohlenhydrate

- Zubereitungszeit: etwa 3 Stunden (davon 2 Stunden Abkühlzeit und 25–45 Minuten Gefrierzeit)

1. Die Schokolade in Stücke brechen und mit dem Zucker und der Sahne in einem klei-nen Topf auf dem Herd bei schwacher Hitze unter ständi-gem Rühren erwärmen, bis die Schokolade geschmolzen ist.

2. Von der Zitrone die Zitro-nenschale fein abreiben und 1/2 Teelöffel abmessen.

3. Den Topf vom Herd neh-men und die Masse darin mit einem Schneebesen glattschla-gen. Die abgemessene Zitro-nenschale, den Honig und den Zimt unter die warme Masse mischen. Die Buttermilch nach und nach dazugießen, dabei gleichzeitig mit dem Schnee-besen schlagen. Zum Schluß den Zitronensaft unter die Mas-se mischen.

4. Die Masse in ein kühles Gefäß umfüllen und zugedeckt im Kühlschrank in etwa 2 Stun-den gut abkühlen lassen.

5. Die Eismasse in den laufen-den Behälter der Eismaschine füllen und in 15–30 Minuten gefrieren lassen.

6. Das fertige Eis in einen Tief-kühlbehälter umfüllen und noch 10–15 Minuten im Gefrier-gerät nachfrieren lassen. Zum Servieren das Eis zu Kugeln portionieren und nach Belieben mit Früchten, Schlagsahne oder Sahnejoghurt in Eisbecher schichten.

Varianten:
Joghurteis
Genauso wie das Buttermilch-eis herstellen, aber statt der Buttermilch 2 Becher (300 g) Vollmilchjoghurt verwenden. Den Zimt weglassen.

Sauerrahmeis
Genauso wie das Buttermilch-eis herstellen, aber statt der Buttermilch 2 Becher (400 g) saure Sahne mit 10 % Fettge-halt verwenden.

Quarkeis
Genauso wie das Buttermilch-eis herstellen, aber 125 g Ma-gerquark mit 1/8 l Milch glatt-schlagen und anstelle der But-termilch verwenden. Den Zimt weglassen.

Buttermilcheis ist ein »kulinarisches Chamäleon«. Mit verschiedenen fri-schen Früchten und Saucen wie hier mit aufgeschlagenem Sahnejoghurt schmeckt es immer wieder ein bißchen anders.

Himbeer-Joghurt-Eis

Zutaten für etwa 3/4 l Eis,
etwa 5 Portionen:
100 g tiefgefrorene Himbeeren
200 g Sahne
50–70 g Puderzucker
(nach Geschmack und je nach
Säuregehalt der Früchte)
1 Becher (150 g) Vollmilchjoghurt
1 Eßl. Zitronensaft

Schnell

Pro Portion etwa:
860 kJ/200 kcal
2 g Eiweiß · 14 g Fett
18 g Kohlenhydrate

- Zubereitungszeit: etwa 10 Minuten
- Gefrierzeit: 3–5 Stunden

1. Die Himbeeren aus dem Tiefkühlgerät nehmen.

2. Die Sahne mit einem Drittel des Puderzuckers steif schlagen.

3. Die leicht angetauten Himbeeren zusammen mit dem restlichen Puderzucker, dem Joghurt und dem Zitronensaft mit dem Pürierstab oder im Mixer fein pürieren.

4. Das Himbeerpüree sofort nach und nach vorsichtig, doch gründlich unter die Schlagsahne mischen.

5. Die Masse in einen Tiefkühlbehälter von etwa 1 l Inhalt füllen und in 3–5 Stunden gefrieren lassen.

Variante:
Eis mit weißer Schokoladensauce

Für 4–6 Portionen 50 g weiße Schokolade in Stücke brechen und zusammen mit 50 g Sahne in einen kleinen Topf oder ein mikrowellengeeignetes Gefäß geben. Die Schokolade mit der Sahne unter ständigem Rühren mit dem Schneebesen bei schwacher Hitze erwärmen, bis die Schokolade geschmolzen und eine gleichmäßige Masse entstanden ist. Oder die Masse in 1–2 Minuten bei 600–700 Watt im Mikrowellengerät erwärmen, bis die Schokolade geschmolzen ist. Danach mit einem Schneebesen gut glattrühren. 1 Teelöffel Bourbon-Vanillezucker unter die Sauce rühren und die Sauce in etwa 1 Stunde abkühlen lassen, dabei gelegentlich umrühren. Nach Gusto 1 Eßlöffel Eierlikör unter die Sauce rühren. Die Sauce zum Himbeer-Joghurt-Eis servieren.

Tip!

Genauso schnell und nach dem gleichen Rezept können Sie gefrorene Erdbeeren, Blaubeeren, Brombeeren, schwarze Johannisbeeren oder Kirschen in köstlich erfrischendes Eis verwandeln. Die Beeren oder Früchte brauchen je nach Größe und je nachdem, ob als Block oder einzeln tiefgefroren etwas länger zum Antauen als die im Rezept angegebenen Himbeeren. Erdbeeren und Kirschen eventuell vor dem Pürieren halbieren oder vierteln. In einen Eisbecher passen zu dem Eis jeweils am besten die gleichen Beeren oder Früchte, die dem Eis das Aroma geben. 250–500 g frische Beeren oder Früchte waschen, putzen, entstielen und eventuell grob zerkleinern. Mit 10–50 g Zucker bestreuen und zugedeckt etwa 10 Minuten Saft ziehen lassen. Dann das Eis zu Kugeln portionieren und mit den vorbereiteten Beeren oder Früchten und Schlagsahne oder Sahnejoghurt dekorativ in Eisbecher schichten.

Besonders dekorativ sehen die Eisbecher mit Himbeer-Joghurt-Eis aus, wenn Sie den Stiel des Kelchglases mit Himbeersauce ausgießen.

Fruchteis

Zutaten für etwa 1/2 l Eis,
etwa 4 Portionen:
Je nach Gusto 200 g Fruchtfleisch
von Erdbeeren, Ananas,
Süßkirschen, Pfirsichen, Nektarinen
oder Aprikosen
0,1 l Wasser
50–80 g Zucker (nach Geschmack
und je nach Säuregehalt der Früchte)
1 Messerspitze gemahlene Bourbon-
Vanille oder 1 Teel. Bourbon-Vanille-
zucker
1–2 Eßl. Zitronensaft
(je nach Säuregehalt der Früchte)
100 g Sahne

Ganz einfach

Pro Portion etwa:
780 kJ/190 kcal
1 g Eiweiß · 8 g Fett
21 g Kohlenhydrate

- Zubereitungszeit: 2 1/2–3 3/4
  Stunden (davon eventuell
  1 Stunde Abkühlzeit und
  1/4–1/2 Stunde Gefrierzeit)

1. Das Fruchtfleisch grob würfeln und in einem flachen Gefäß für 1 Stunde ins Gefriergerät stellen.

2. Das Wasser mit dem Zucker und der Vanille oder dem Vanillezucker unter öfterem Umrühren aufkochen. Den Topf vom Herd nehmen und den Inhalt so lange rühren, bis der Zucker aufgelöst ist.

3. Die angefrorenen Früchte mit der Zuckerlösung und dem Zitronensaft im Mixer oder mit dem Pürierstab fein pürieren. Sollte das Püree wärmer als Kühlschranktemperatur sein,

dieses zugedeckt im Kühlschrank etwa 1 Stunde abkühlen lassen.

4. Die Sahne halbsteif schlagen und unter die Fruchtmasse mischen.

5. Die Eismasse in den laufenden Behälter der Eismaschine füllen und in 15–30 Minuten gefrieren lassen.

Variante:
Gefüllte Eishörnchen mit Glasur

Preiswerte einfache Eissorten eignen sich gut für viele eishungrige Kinder. Bei einer Kinder-Eisparty können Sie den Streß reduzieren, wenn Sie ein oder zwei Tage zuvor viele fertiggekaufte oder selbstgemachte Eishörnchen mit Eis aus der »eigenen Manufaktur« füllen und mit Kuchenglasur »versiegeln«: Damit später nichts tropft, zuvor die Spitzen der Eistüten mit je 1/2 bis 1 Teelöffel flüssiger geschmolzener Kuvertüre präparieren. 2–3 Eiskugeln in jedes Hörnchen geben, zum Beispiel jede Sorte nacheinander, so wie sie aus der Eismaschine kommen. Dann jeweils wieder im Gefriergerät fest werden lassen. Die fertiggefüllten Hörnchen dann noch einmal in mindestens 3–4 Stunden gut hartfrieren lassen. Die Kuchenglasur (es gibt sie in verschiedenen Farben und Geschmacksrichtungen, zum Beispiel Schokolade hell und dunkel, Zitrone, Nuß – keine Kuvertüre!) in Stücken mit einem Viertel der Glasurmenge Kokosfett (zum Beispiel Palmin)

im Wasserbad oder im Mikrowellengerät flüssig werden lassen, glattrühren und in eine Teetasse füllen. Die hartgefrorenen Eishörnchen umgedreht, mit der Füllung nach unten, jeweils ganz kurz in der flüssigen Glasur drehen, so daß der Rand der Waffel mit eingetaucht wird. Die Glasur wird in Sekundenschnelle fest. Die glasurüberzogenen Hörnchen bis zum Servieren wieder einfrieren.

Bunte Vielfalt: Viele Sorten Fruchteis können Sie nach dem Rezept auf dieser Seite zubereiten. Auf dem Foto sehen Sie Pfirsicheis, Ananaseis und Erdbeereis.

Mangoparfait

Zutaten für 1 Parfait- oder andere
Metallform von 1 l Inhalt,
etwa 8 Portionen:
1 große vollreife Mangofrucht
(etwa 400 g = 250 g Fruchtfleisch)
100 g Creme double
4 Eßl. Zitronensaft
1 Schnapsglas (2 cl) Amaretto-Likör
(ersatzweise Orangensaft)
4 Eigelb
100–120 g Puderzucker
(nach Geschmack)
1 Eßl. lauwarmes Wasser
200 g Sahne
5 (25 g) Löffelbiskuits
Zum Garnieren: 1/2 Sternfrucht
(Karambole) und eventuell Krokant

Raffiniert

Pro Portion (ohne Garnierung) etwa:
1700 kJ/400 kcal
10 g Eiweiß · 30 g Fett
24 g Kohlenhydrate

- Zubereitungszeit:
  etwa 20 Minuten
- Gefrierzeit: 7–9 Stunden

1. Die Mango dünn schälen, das Fruchtfleisch vom Stein schneiden, dabei das sehr faserige Fleisch direkt am Stein nicht verwenden.

2. Das Fruchtfleisch zusammen mit der Crème double, dem Zitronensaft und dem Amaretto oder dem Orangensaft mit dem Pürierstab oder im Mixer fein pürieren.

3. Die Eigelbe mit drei Vierteln des Puderzuckers und dem Wasser dickcremig aufschlagen (das dauert mit den Schneebesen eines elektrischen Handrührgerätes oder einer Küchenmaschine etwa 5 Minuten).

4. Die Form kalt ausspülen und ins Gefriergerät stellen.

5. Die Sahne mit dem restlichen Puderzucker steif schlagen.

6. Die Löffelbiskuits in Stücke brechen und zwischen den Handflächen oder Fingerspitzen fein zerbröseln.

7. Die Schlagsahne und das Mangopüree abwechselnd nach und nach vorsichtig, doch gründlich unter den Eigelbschaum mischen. Zum Schluß die Biskuitbrösel vorsichtig daruntermischen.

8. Die Masse in die Form füllen und das Parfait in 7–9 Stunden gefrieren lassen.

9. Mindestens 1 Stunde vor dem Servieren eine Servierplatte (aus Metall oder Marmor) vorkühlen.

10. Kurz vor dem Servieren die Sternfrucht waschen, in dünne Scheiben schneiden. Die Form aus dem Gefriergerät nehmen und umgedreht auf die Servierplatte stellen. Ein Küchentuch in heißes Wasser tauchen, etwas ausdrücken und die Form damit für etwa 30 Sekunden ganz bedecken. Dann die Form nach oben wegziehen.
Das Parfait mit den Sternfruchtscheiben und eventuell dem Krokant garnieren und sofort servieren.

Tip!

Sie können bei solchen in der Form gefrorenen Eissorten auch jederzeit einzelne Portionen entnehmen, statt das Eis auf einmal zu servieren. Schneiden Sie dann einfach aus der Form (am besten mit einem Sägemesser) einzelne Scheiben heraus und lösen Sie den Rand etwas mit einem flexiblen Küchenmesser. Das Eis können Sie am besten mit einer Palette entnehmen.

Schmeckt nach südlicher Sonne und dem Zauber der Tropen: Mangoparfait ist eine süße Sünde wert.

Rhabarber-Sahne-Eis

Zutaten für etwa 0,8 l Eis,
etwa 8 Portionen:
500 g Rhabarber
(geputzt etwa 350 g)
1/4 l Apfelsaft
1 Nelke
1 Stück Zimtstange (etwa 2 cm lang)
1 Messerspitze gemahlene
Bourbon-Vanille
100 g brauner Kandiszucker
1 Teel. Zitronensaft
200 g Sahne

Raffiniert

Pro Portion etwa:
620 kJ/150 kcal
1 g Eiweiß · 8 g Fett
18 g Kohlenhydrate

- Zubereitungszeit: etwa 1 Stunde
  (davon 30 Minuten Abkühlzeit)
- Gefrierzeit: 7–8 Stunden

1. Den Rhabarber schälen, in etwa 3 cm lange Stücke schneiden und mit dem Apfelsaft, der Nelke, der Zimtstange und der Vanille in knapp 10 Minuten weich kochen.

2. Das Kompott durch ein Sieb gießen, die Flüssigkeit auffangen und in den Topf zurückgießen (den Rückstand im Sieb wegwerfen). Den Kandis hinzufügen und alles unter gelegentlichem Umrühren etwa 10 Minuten kochen, bis die Flüssigkeit auf 1/4 l reduziert und der Kandis völlig aufgelöst ist. Den Zitronensaft unterrühren.

3. Den Rhabarbersirup zugedeckt im Kühlschrank etwa 30 Minuten abkühlen lassen, in einen Tiefkühlbehälter von mindestens 1 l Inhalt füllen und für 1 Stunde in das Tiefkühlgerät stellen.

4. Dann die Sahne steif schlagen und vorsichtig, doch gründlich nach und nach unter die gekühlte Rhabarbermasse mischen. In weiteren 6–7 Stunden fertiggefrieren lassen, dabei einmal nach etwa 2 Stunden vorsichtig umrühren.

5. Das fertige Eis zu Kugeln portionieren und mit heißen Himbeeren (Rezept auf dieser Seite) servieren.

Heiße Himbeeren

Zutaten für etwa 8 Portionen:
1/8 l Wasser
1 Aufgußbeutel Hibiskus(Malven-)tee
oder 1 Eßl. getrocknete Hibiskusblüten (Apotheke, Reformhaus,
Teeladen)
50 g Zitronenmarmelade mit
Schalenteilen
1 Teel. Zitronensaft
1 Teel. Speisestärke
100 g frische oder tiefgefrorene
Himbeeren
eventuell 1/2 Schnapsglas (1 cl)
Himbeergeist

Gelingt leicht · Raffiniert

Pro Portion etwa:
150 kJ/40 kcal
0 g Eiweiß · 0 g Fett
8 g Kohlenhydrate

- Zubereitungszeit: etwa 10 Minuten

1. Das Wasser mit dem Teebeutel oder den Malvenblüten aufkochen. Den Topf vom Herd nehmen und nach etwa 5 Minuten den Teebeutel entfernen oder den Tee abgießen und die Flüssigkeit auffangen.

2. Die Zitronenmarmelade, den Zitronensaft und die Speisestärke mit einem Schneebesen gründlich unter den Tee rühren und alles einmal aufkochen lassen. Die Himbeeren hinzufügen und alles nochmals aufkochen.

3. Den Topf wieder vom Herd nehmen und eventuell den Himbeergeist unter die Beeren mischen. Sofort servieren.

Variante:
Heiße Kirschen
Genauso zubereiten, jedoch statt der Himbeeren 200 g frische entstielte und entsteinte Süß- oder Sauerkirschen oder abgetropfte Kirschen aus dem Glas verwenden. Bei frischen Sauerkirschen den Zitronensaft weglassen. Statt Himbeergeist nach Belieben Kirschwasser verwenden.

Tip!

Beide Fruchtsaucen schmecken auch kalt zu Eis.

Im Bild oben: Heiße Himbeeren
Im Bild unten: Rhabarber-Sahne-Eis

Erdbeersorbet

Ein Sorbet schmeckt köstlich erfrischend an heißen Sommertagen oder als elegantes Dessert nach einem mehrgängigen Menü. Sorbets können Sie auch mit flüssigem Süßstoff für Diabetiker oder »Linienbewußte« zubereiten.

Zutaten für etwa 0,7 l Eis,
etwa 4 Portionen:
500 g aromatische Erdbeeren
1/8 l Apfelsaft
50 g Puderzucker
1 Eßl. Zitronensaft
1 Teel. Bourbon-Vanillezucker
eventuell 1 Schnapsglas (2 cl)
weißer Rum
Zum Garnieren:
einige schöne Erdbeeren
Pfefferminz- oder Zitronenmelisse-
blättchen

Etwas schwierig

Pro Portion (ohne Garnierung) etwa:
490 kJ/120 kcal
1 g Eiweiß · 1 g Fett
24 g Kohlenhydrate

- Zubereitungszeit: 1 1/2 – 2 1/2 Stunden (davon eventuell 1–2 Stunden Abkühlzeit)
- Gefrierzeit: 2–4 Stunden im Gefriergerät oder 15–30 Minuten in der Eismaschine

1. Die Erdbeeren kurz waschen, von den Stielen zupfen und zusammen mit dem Apfelsaft, dem Puderzucker, dem Zitronensaft und dem Vanillezucker in einem Mixer oder mit dem Pürierstab fein pürieren.

2. Wenn das Sorbet im Gefriergerät zubereitet werden soll, eventuell den Rum unter das Fruchtpüree rühren. Die Masse in eine flache Metallschüssel füllen und im Gefriergerät bei mindestens −18° in 2–4 Stunden gefrieren lassen, dabei unbedingt stündlich umrühren.

3. Mindestens 1 Stunde vor dem Servieren Eisschalen vorkühlen.

4. Kurz vor dem Servieren die fast gefrorene Eismasse in einer Küchenmaschine oder mit einem Pürierstab schaumig rühren.

5. Dann schnell in einen Spritzbeutel mit Sterntülle füllen und in die vorbere teten Eisschalen spritzen.

6. Zum Zubereiten n der Eismaschine das Fruchpüree (ohne Alkohol) zugedeckt in 1–2 Stunden im Kühlschrank gut abkühlen lassen.

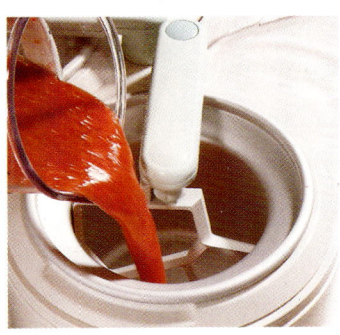

7. Die Eismasse in den laufenden Behälter der Eismaschine gießen und in 15–30 Minuten gefrieren lassen. Dann eventuell sofort und schnell den Rum unter das Sorbet rühren. Das Eis sofort in einen Spritzbeutel mit Sterntülle füllen, in die vorgekühlten Eisbecher spritzen und gleich servieren.

8. Die Sorbetportionen mit Erdbeeren und Pfefferminz- oder Melisseblättchen garnieren.

Varianten:

Pfirsich-, Nektarinen-, Mango- oder Honigmelonensorbet können Sie genauso zubereiten (dabei jeweils 500 g grob gewürfeltes Fruchtfleisch verwenden). Statt des Apfelsaftes können Sie auch süßen Sekt verwenden. Dann den Rum weglassen und zum Pfirsich-, Nektarinen- und Mangosorbet Marillenlikör, zum Honigmelonensorbet Marsalawein nehmen.

Tip!

Wenn Sie Ihren Gästen auch optisch »Besonderes« bieten wollen, können Sie zwei verschiedene, farblich konstrastierende Sorbets zubereiten und sie schichtweise in hohe Eisbecher füllen.

Apfel-Vanille-Granité

Wenn die Hitze im Hochsommer den Siedepunkt erklimmt, helfen sich die Südländer mit erfrischenden, körnig gefrorenen Eisgetränken. Nichts kühlt besser als so ein Glas halbflüssiger Polarkälte.

Zutaten für etwa 1/2 l Granité,
etwa 4 Portionen:
1/2 l Apfelsaft
4 Eßl. Zitronensaft
2 Teel. Bourbon-Vanillezucker
Zum Servieren: Strohhalme,
eventuell Mineralwasser

Gelingt leicht

Pro Portion etwa:
370 kJ/90 kcal
0 g Eiweiß · 0 g Fett
22 g Kohlenhydrate

- Zubereitungszeit: etwa 5 Minuten
- Gefrierzeit: 3–5 Stunden

1. Alle Zutaten in einem Metallgefäß von mindestens 1 l Inhalt gut verrühren. Das Gefäß mit der Flüssigkeit in das Gefriergerät stellen und das Granité in 3–5 Stunden bei mindestens –18° körnig gefrieren lassen, dabei unbedingt 1- bis 2mal stündlich umrühren.

2. Zum Servieren hohe Trinkgläser (Eiskaffeegläser) bereitstellen. Das Gratiné mit einem Löffel aus dem Gefäß schaben und in die Gläser füllen. Mit Strohhalmen servieren. Eventuell mit Mineralwasser auffüllen.

Variante:
Ananas-Grapefruit-Granité

0,4 l Ananassaft mit 0,1 l Grapefruitsaft (frisch oder Fertigprodukte) mischen und, wie im Rezept für Apfel-Vanille-Granité beschrieben, gefrieren lassen. Zum Servieren je 1–2 Eßlöffel flüssige Sahne auf jedes Glas geben.

Kaffeegranité

Zutaten für 1/2 l Granité,
etwa 4 Portionen:
50 g (5 Eßl.) gemahlener Kaffee
1 Messerspitze Zimtpulver oder
gemahlene Bourbon-Vanille
50–100 g Zucker
(nach Geschmack)
1/2 l Wasser

Gelingt leicht

Pro Portion etwa:
420 kJ/100 kcal
0 g Eiweiß · 0 g Fett
25 g Kohlenhydrate

- Zubereitungszeit: etwa 1 Stunde 10 Minuten (davon 1 Stunde Abkühlzeit)
- Gefrierzeit: 3–5 Stunden

1. Das Kaffeepulver mit dem Zimt oder der Vanille und dem Zucker mischen, das Wasser dazugießen und alles einmal kräftig aufkochen. Den Kaffee zugedeckt in mindestens 1 Stunde bei Zimmertemperatur abkühlen lassen.

2. Dann den Kaffee durch ein Teesieb und anschließend durch einen Kaffeefilter gießen. In einem Metallgefäß ins Gefriergerät stellen und in 3–5 Stunden bei mindestens –18° gefrieren lassen. Dabei unbedingt 1- bis 2mal stündlich umrühren.

3. Zum Servieren hohe Trinkgläser (Eiskaffeegläser) bereitstellen. Das Granité mit einem Löffel aus dem Gefäß schaben und in die Gläser füllen.

Varianten:
Teegranité

20 g (2 Eßlöffel) Teeblätter Ihrer Lieblingsteesorte mit 1/2 l kochendem Wasser übergießen und zugedeckt bei Zimmertemperatur abkühlen lassen. Den Tee abgießen und mit 50–100 g Zucker (nach Geschmack) verrühren und mit 2–3 Eßlöffeln Zitronen- oder Limonensaft abschmecken. Wie im Rezept für Kaffee-Granité beschrieben gefrieren lassen.

Sangriagranité

1/2 l Sangria mit etwa 50 g Zucker und 1–2 Eßlöffeln Zitronensaft abschmecken und wie im Rezept für Kaffee-Granité gefrieren lassen. Bei alkoholischen Flüssigkeiten dauert die Gefrierzeit etwa 1 Stunde länger.

Bild oben: Apfel-Vanille-Granité
Bild unten: Kaffeegranité

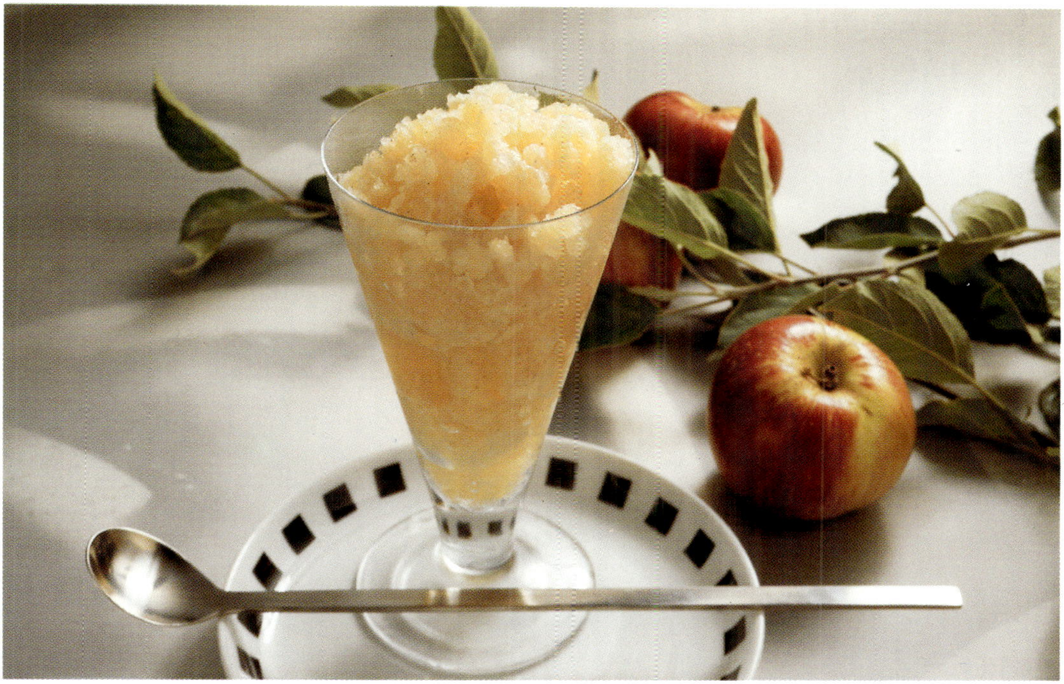

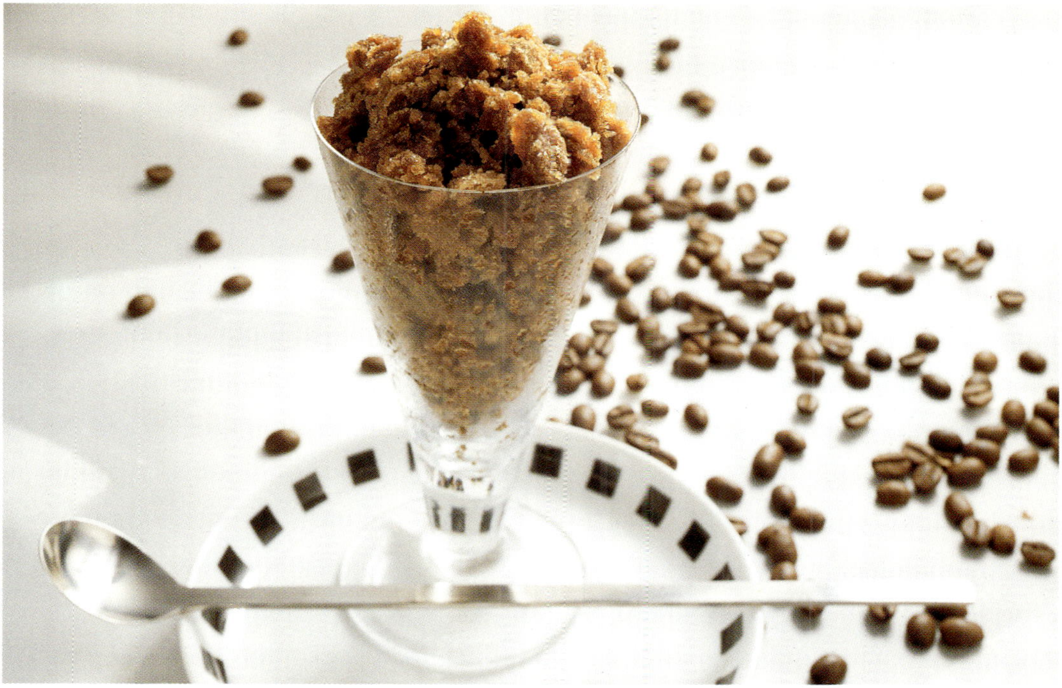

Sahne-Eis »Crème de la crème«

Zutaten für etwa 0,7 l Eis,
etwa 6 Portionen:
400 g Sahne
50 g brauner Zucker
(oder Zuckerrohrgranulat)
100 g saure Sahne (10 % Fettgehalt)
2 Teel. Zitronensaft
2 gestrichene Eßl. Puderzucker
eventuell 1 Schnapsglas (2 cl)
beliebiger Sahnelikör (Irish Cream,
Chantré Cream etc.)

Gelingt leicht

Pro Portion etwa:
1400 kJ/330 kcal
2 g Eiweiß · 26 g Fett
19 g Kohlenhydrate

- Zubereitungszeit:
  25–30 Minuten (davon
  15 Minuten Abkühlzeit)
- Gefrierzeit: 5–7 Stunden

1. Die Hälfte der Sahne zusammen mit dem braunen Zucker in einem weiten Topf unter öfterem Umrühren etwa 5 Minuten bei mittlerer Hitze kochen, bis die Masse eine cremige Konsistenz hat.

2. Die warme Masse in eine kühle Rührschüssel umfüllen und etwa 15 Minuten bei Zimmertemperatur abkühlen lassen.

3. Die saure Sahne und den Zitronensaft mit einem Schneebesen unter die abgekühlte Masse rühren.

4. Die restliche Sahne mit dem Puderzucker steif schlagen. Die

Schlagsahne und eventuell den Sahnelikör nach und nach vorsichtig, doch gründlich unter die abgekühlte Masse mischen.

5. Die fertige Eismasse in einen Tiefkühlbehälter aus Plastik von etwa 1 l Inhalt füllen und in 5–7 Stunden im Gefriergerät bei mindestens −18° gefrieren lassen. Nach 2 Stunden Gefrierzeit einmal vorsichtig umrühren.

6. Das fertige Eis zu Kugeln portionieren und mit den brennenden Calvados-Äpfeln (Rezept auf dieser Seite) servieren.

Brennende Calvados-Äpfel

Zutaten für 6 Portionen:
500 g aromatische Äpfel (zum
Beispiel Jonathan oder Cox Orange)
1 Eßl. Butter
1 Eßl. brauner Zucker
(oder Zuckerrohrgranulat)
1 Messerspitze Zimtpulver
1 1/2 Schnapsgläser (3 cl)
Calvados

Raffiniert

Pro Portion etwa:
460 kJ/110 kcal
0 g Eiweiß · 4 g Fett
17 g Kohlenhydrate

- Zubereitungszeit: etwa 10 Minuen

1. Die Äpfel waschen, vierteln, schälen, vom Kernhaus befreien und die Viertel in dünne Spalten schneiden.

2. Die Butter mit dem Zucker und dem Zimt in einer (möglichst schweren) Pfanne zerlaufen lassen. Die Apfelspalten hinzufügen, alles umrühren und zugedeckt bei schwacher bis mittlerer Hitze in knapp 5 Minuten weich dünsten, zwischendurch gelegentlich wenden.

3. Den Calvados über die heißen Äpfel gießen, anzünden und die Apfelscheiben noch brennend über dem Eis verteilen.

Variante:
Heiße Äpfel mit Rumrosinen

Statt des Calvados 3 Eßlöffel Rumrosinen (Fertigprodukt) unter die heißen Äpfel mischen. Oder 2 Eßlöffel Rosinen und 1 Eßlöffel Rum zugedeckt 2–3 Stunden marinieren lassen. Zwischendurch gelegentlich wenden. Die fertigen Rumrosinen unter die heißen Äpfel mischen. Die Äpfel dann natürlich nicht anzünden, sondern sofort über dem Eis verteilen.

Wenn Sie Ihre Gäste mal mit einer besonderen Raffinesse überraschen wollen, servieren Sie Brennende Calvados-Äpfel zu Sahne-Eis »Crème de la crème«.

Weißes Schokoladen-eis

Zutaten für etwa 0,7 l Eis,
etwa 6 Portionen:
100 g weiße Schokolade
300 g Sahne
50 g Vollmilchjoghurt
50 g Puderzucker

Exklusiv · Für Gäste

Pro Portion etwa:
1200 kJ/290 kcal
2 g Eiweiß · 21 g Fett
19 g Kohlenhydrate

- Zubereitungszeit: etwa 30 Minuten (davon 15 Minuten Abkühlzeit)
- Gefrierzeit: 6–8 Stunden

1. Die Schokolade in Stücke brechen und zusammen mit 100 g Sahne auf dem Herd bei schwacher Hitze unter ständigem Rühren mit dem Schneebesen erwärmen, bis die Schokolade geschmolzen ist.

2. Den Topf vom Herd nehmen und den Inhalt mit dem Schneebesen glattrühren. Den Joghurt gründlich in die heiße Schokoladenmasse rühren.

3. Die Masse zum Abkühlen bei Zimmertemperatur in eine kühle Rührschüssel füllen.

4. Die restliche Sahne mit dem Puderzucker steif schlagen.

5. Die Schlagsahne nach und nach vorsichtig, doch gründlich unter die abgekühlte Schokoladenmasse (sie darf noch lauwarm sein) mischen.

6. Die Eismasse in einen Tiefkühlbehälter von etwa 1 l Inhalt füllen und in 6–8 Stunden bei mindestens -18° gefrieren lassen.

Variante:

Stracciatella-Eis

50 g Raspelschokolade (nach Geschmack auch etwas mehr) vor dem Gefrieren unter die fertige Eismasse mischen.

Schok-Mint-Eis

50 g Raspelschokolade und 2 Schnapsgläser (4 cl) Pfefferminzlikör vor dem Gefrieren unter die fertige Eismasse mischen. Die Gefrierzeit verlängert sich durch den Alkohol um etwa 1 Stunde. Beim Servieren eventuell etwas Pfefferminzlikör über die Eiskugeln gießen.

Curaçao »grün«

2 Schnapsgläser (4 cl) Curaçao blue vor dem Gefrieren unter die fertige Eismasse mischen. Wie beim Schok-Mint-Eis verlängert sich die Gefrierzeit durch den Alkohol um etwa 1 Stunde. Wenn Ihnen das Eis zu alkoholisch ist, können Sie es auch mit Blue-Curaçao-Sirup – ohne Alkohol – zubereiten.

Orangen-Schokoladen-Eis

Die Schokolade statt mit der Sahne mit 0,1 l Orangensaft schmelzen. 1 Teelöffel abgeriebene Orangenschale (von etwa 1/2 unbehandelten Frucht) und 1 Teelöffel Zitronensaft hinzufügen. Den Joghurt weglassen. 200 g Sahne mit 30 g (statt 50 g) Puderzucker steif schlagen. Eventuell 1 Schnapsglas (2 cl) Grand Marnier hinzufügen (dann dauert die Gefrierzeit etwa 1 Stunde länger). Sonst das Eis wie oben beschrieben zubereiten.

Tip!

Alle fünf Sorten harmonieren gut miteinander und lassen sich in beliebiger Mischung zu Eisbechern zusammenstellen.

Eine Eiskugel kommt selten allein! Hier ist die krönende Eiskugel aus weißem Schokoladeneis begleitet von 3 Varianten: Curaçao »grün« (unten links), Stracciatella-Eis (unten vorne) und Schok-Mint-Eis (unten hinten).

Coppa Cappuccino

Zutaten für etwa 6 Eisbecher:

0,1 l Wasser

2–3 Teel. gemahlener Espressokaffee

100 g Kondensmilch (10 % Fettgehalt)

100 g Zucker

400 g Sahne

eventuell 1 Schnapsglas (2 cl) Mokkalikör

je 1 Teel. Kakao- und Zimtpulver

Ganz einfach

Pro Portion etwa:
1300 kJ/310 kcal
3 g Eiweiß · 23 g Fett
21 g Kohlenhydrate

- Zubereitungszeit: etwa 45 Minuten (davon 30 Minuten Abkühlzeit)
- Gefrierzeit: 5–7 Stunden

1. Aus dem Wasser und dem Kaffeepulver in einer Espressomaschine (oder Cafetiera) Espressokaffee kochen.

2. Den heißen Kaffee mit der Kondensmilch und dem Zucker gut verrühren, bis sich der Zucker aufgelöst hat.

3. Die Masse bei Zimmertemperatur etwa 30 Minuten abkühlen lassen. Danach ein Viertel davon bis zum Servieren zugedeckt im Kühlschrank aufbewahren.

4. Die Hälfte der Sahne steif schlagen. Die Schlagsahne nach und nach vorsichtig, doch gründlich unter die restlichen drei Viertel der abgekühlten Kaffeemasse (sie darf noch lauwarm sein) mischen.

5. Die Masse in einen Tiefkühlbehälter von etwa 1 l Inhalt füllen und in 5–7 Stunden im Gefriergerät bei mindestens -18° gefrieren lassen. Nach 2 Stunden die Masse einmal vorsichtig umrühren.

6. Kurz vor dem Servieren die restliche Sahne steif schlagen. Das Eis zu Kugeln portionieren und in Eisbechern verteilen. Die Sahne mit einem Eßlöffel oder einem Spritzbeutel mit Sterntülle kuppelförmig auf dem Eis verteilen. Die Kaffeemischung aus dem Kühlschrank seitlich über die Sahnehauben verteilen und eventuell den Mokkalikör darüber träufeln. Den Kakao mit dem Zimt mischen, in ein Teesieb füllen und die Sahnehauben damit besieben. Die Eisbecher sofort servieren.

Variante:
Französischer Eiskaffee
für 3–4 Personen:
Er wird genauso zubereitet wie Coppa Cappuccino, jedoch mit der halben Menge Zucker und der halben Menge Sahne. Zusätzlich 1 Teelöffel Bourbon-Vanillezucker unter die heiße Kaffeemasse rühren. Die ganze Menge Kaffeemischung mit der geschlagenen Sahne mischen. Die Eismasse in 3–5 Stunden halbfest gefrieren lassen, dabei stündlich umrühren. Wenn die Masse dickcremig – wie Sorbet – gefroren ist, diese in Eiskaffeegläsern verteilen. Die restliche Sahne steif schlagen und auf den Eiskaffee spritzen oder häufen. Eventuell Mokkalikör darüber verteilen. Kakao und Zimt, wie im Rezept für Coppa Cappuccino beschrieben, auf die Sahne sieben. Den Französischen Eiskaffee mit Strohhalmen servieren.

Tip!
Zu Coppa Cappuccino und zu Französischem Eiskaffee passen sehr gut Eiswaffeln oder Eishörnchen (Rezept Seite 9).

Coppa Cappuccino macht müde Lebensgeister munter, denn in diesem Eis steckt die belebende Kraft von aromatischem Espressokaffee.

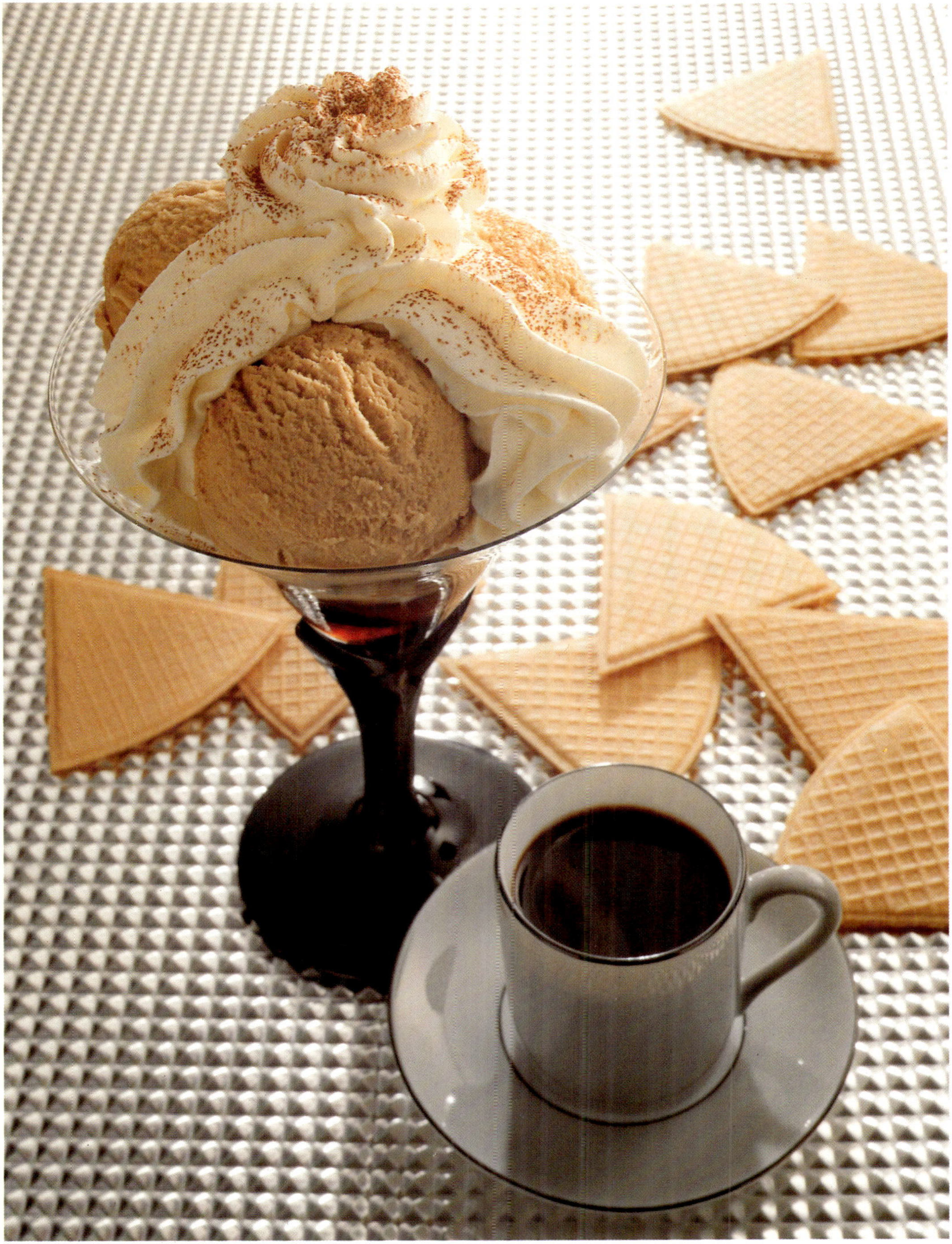

Kucheneis

Ist von Ihrem Lieblings-Rührkuchen etwas übriggeblieben? Machen Sie einfach herrlich frisches Eis daraus. Der Kaffee kommt, in Form von »heißer Mokkaschokolade« gleich mit auf den Teller.

Zutaten für etwa 1,2 l Eis,
etwa 10 Portionen:
50 g Butter
50 g Zucker
1 Päckchen Bourbon-Vanillezucker
300 g Sahne
100 g beliebiger Rührkuchen
(zum Beispiel englischer Keks,
Marmorkuchen oder andere)
2 Eier, getrennt
50 g Puderzucker
1 Schnapsglas (2 cl) Rum,
ersatzweise lauwarmes Wasser
1 Teel. Zitronensaft

Raffiniert

Pro Portion etwa:
950 kJ/230 kcal
4 g Eiweiß · 17 g Fett
14 g Kohlenhydrate

- Zubereitungszeit: etwa 1 Stunde (davon 30 Minuten Abkühlzeit)
- Gefrierzeit: 7–9 Stunden

1. Die Butter in Flöckchen zusammen mit dem Zucker, dem Vanillezucker und 100 g Sahne auf dem Herd bei schwacher Hitze langsam erwärmen, bis die Butter geschmolzen ist. Den Topf vom Herd nehmen und die Masse so lange rühren, bis der Zucker aufgelöst ist.

2. Den Kuchen mit einer Gabel oder mit den Fingern gut zerbröseln. Die Kuchenbrösel in die warme Butter-Sahne-Mischung rühren. Alles zusammen bei Zimmertemperatur etwa 30 Minuten abkühlen lassen, dabei gelegentlich umrühren.

3. Die Eigelbe mit dem Puderzucker und dem Rum oder dem Wasser dickschaumig aufschlagen (das dauert mit den Schneebesen eines elektrischen Handrührgerätes oder einer Küchenmaschine etwa 5 Minuten).

4. Die Eiweiße mit dem Zitronensaft steif schlagen.

5. Die restliche Sahne steif schlagen.

6. Die Kuchenmasse (sie darf noch lauwarm sein) nach und nach unter den Eigelbschaum mischen. Den Eischnee und die Schlagsahne abwechselnd nach und nach vorsichtig, doch gründlich unter die gelbe Masse mischen.

7. Die Eismasse in einen Tiefkühlbehälter aus Plastik von etwa 1,25 l Inhalt füllen und in 7–9 Stunden im Gefriergerät bei mindestens -18° gefrieren lassen.

8. Das fertige Eis zu Kugeln portionieren, auf Kuchentellern anrichten und mit der heißen Mokkaschokolade (Rezept auf dieser Seite) übergießen.

Heiße Mokkaschokolade

Zutaten für etwa 5 Portionen:
100 g Zartbitterschokolade
1 Espressotasse (etwa 4 Eßl.)
Espressokaffee
4 Eßl. Sahne

Schnell

Pro Portion etwa:
550 kJ/130 kcal
1 g Eiweiß · 9 g Fett
11 g Kohlenhydrate

- Zubereitungszeit: etwa 5 Minuten

1. Die Schokolade in Stücke brechen und mit dem Kaffee und der Sahne unter ständigem Rühren auf dem Herd bei schwacher Hitze erwärmen, bis die Schokolade geschmolzen ist. Die heiße Sauce glattrühren und sofort über dem Eis verteilen.

Variante:
Heiße Schokolade
Genauso wie die heiße Mokkaschokolade zubereiten: statt Kaffee und Sahne nur Zartbitterschokolade und 100 g Sahne verwenden.

Im Bild oben:
Heiße Mokkaschokolade
Im Bild unten: Kucheneis

Eisbuffet für Kinder

Zutaten für etwa 1,8 l Eis,
für eine Eismaschine mit mindestens
1 l Fassungsvermögen, für 6 Schälchen oder Förmchen von je etwa
0,3 l Inhalt, etwa 10 Portionen:
50 g Himbeeren, tiefgefroren
oder frisch
250 g weiße Schokolade
1 Eßl. (etwa 30 g) Blütenhonig
200 g Zucker
0,8 l Milch
400 g Sahne
4 Eier
100 g Geleefrüchte
50 g Raspelschokolade
200 g Milchschokolade
50 g Nußkrokant (Fertigprodukt)
75 g (1 Päckchen) Schokotropfen
Zum Garnieren:
frische Früchte, zum Beispiel Kiwi,
Erdbeeren und/oder Kirschen,
Eiswaffeln und/oder Löffelbiskuits,
Geleefrüchte, Marshmallows

Läßt sich gut vorbereiten

Pro Portion (ohne Garnierung) etwa:
2160 kJ/520 kcal
10 g Eiweiß · 25 g Fett
60 g Kohlenhydrate

- Zubereitungszeit: etwa 40 Minuten
- Abkühlzeit: 2mal etwa 2 Stunden
- Gefrierzeit: 2mal je 20–40 Minuten in der Eismaschine und 5–6 Stunden im Gefriergerät
- Eventuell Unterbrechung von mindestens 18 Stunden (falls kein zweiter Behälter zur Eismaschine vorhanden ist)

1. Tiefgefrorene Himbeeren bei Zimmertemperatur auftauen lassen.

2. Für das helle Eis 200 g weiße Schokolade in Stücke brechen und mit dem Honig, 100 g Zucker und 0,1 l Milch auf dem Herd bei schwacher Hitze unter ständigem Rühren mit dem Schneebesen erwärmen, bis die Schokolade geschmolzen ist. Den Topf vom Herd nehmen und den Inhalt glattrühren. 0,3 l Milch und die Hälfte der Sahne unter die warme Masse rühren, dann 2 Eier daruntermischen. Die Milchmischung zugedeckt im Kühlschrank in etwa 2 Stunden gut abkühlen lassen.

3. Die kalte Eismasse in den laufenden Behälter der Eismaschine gießen und in 20–40 Minuten gefrieren lassen.

4. Inzwischen 3 Schälchen bereitstellen. Die Geleefrüchte klein würfeln. Die Himbeeren und die Raspelschokolade bereit stellen.

5. Das fertige Eis in drei gleich große Teile teilen und jeden mit einem Teil der vorbereiteten Zutaten mischen: mit den Himbeeren, mit der Raspelschokolade und mit den gehackten Geleefrüchten. Die 3 Eissorten in je 1 Schälchen oder 1 Form füllen, glattstreichen und jeweils sofort ins Gefriergerät stellen. Dabei schnell arbeiten.

6. Für das dunkle Eis genauso wie für das helle Eis aus der Milchschokolade, dem restlichen Zucker, der restlichen Milch, der restlichen Sahne und den restlichen Eiern eine Eismasse herstellen, im Kühlschrank zugedeckt abkühlen lassen und in der Eismaschine gefrieren lassen. Die restliche weiße Schokolade grob hacken. Mit dem Krokant und den Schokotropfen bereitstellen. Das Eis in drei gleich große Teile teilen und jeden mit einem Teil der bereitgestellten Zutaten mischen. Die 3 Eissorten in die restlichen Schälchen füllen und jeweils sofort ins Gefriergerät stellen.

7. Das Eis in 5–6 Stunden im Gefriergerät relativ fest gefrieren lassen. Eine Servierplatte (möglichst aus Metall) ebenfalls ins Gefriergerät stellen.

8. Kurz vor dem Servieren alle Zutaten zum Garnieren bereitstellen. Die Servierplatte und das Eis aus dem Gefriergerät nehmen. Die Schälchen mit dem Eis umgedreht unter fließendes warmes Wasser halten, dabei eine Hand unter die Schälchen halten. Dann das Eis mit den Fingern durch eine leichte Drehung aus den Schälchen nehmen und die »Eisberge« nebeneinander auf die Platte setzen. Die Eisplatte mit den bereitgestellten Zutaten zum Garnieren dekorieren und sofort servieren.

Auf die Plätze, fertig, los! Bei solch köstlichem Eisbuffet für Kinder gibt's bestimmt ein Wettrennen, wer zuerst losschlecken darf. Hinten von links nach rechts: Himbeereis, Krokanteis, Raspelschokoladeneis. Vorne von links nach rechts: Schokotropfeneis, Geleefrüchte-Eis, Milchschokolade-Eis mit weißen Schokoraspeln.

Eisbuffet »mit Schuß«

Zutaten für 6 halbkugelförmige Schüsseln von je etwa 1/2 l Inhalt, etwa 2,3 l Eis, etwa 10 Portionen:

1,1 kg Sahne	
200 g Puderzucker	
je 2 Schnapsgläser (4 cl) und je 1–2 Eßl. Caraçao blue und Eierlikör	
50 g (3 Eßl.) gesüßter Sanddorn (als Sirup oder Marmelade im Reformhaus/Naturkostladen/Supermarkt)	
200 g Zartbitterschokolade	
0,1 l Milch	
75 g (1 Päckchen) Mokkabohnen	
je 2 Schnapsgläser (4 cl) Cointreau und Mokkalikör	
3-4 Eßl. Raspelschokolade	
1 Schnapsglas (2 cl) Kirschwasser	

Zum Garnieren:

frische Früchte, zum Beispiel	
1 Karambole (Sternfrucht) in Scheiben, einige schöne große Erdbeeren oder Kirschen	
1 halbierte Babyananas	
5 Belegkirschen, 1 kleine Dose Mandarin-Orangen, abgetropft	

Läßt sich gut vorbereiten

Pro Portion (ohne Garnierung) etwa:
2100 kJ/500 kcal
3 g Eiweiß · 36 g Fett
38 g Kohlenhydrate

- Zubereitungszeit:
  etwa 1 1/4 Stunden
- Gefrierzeit: 10–12 Stunden

1. Die 6 Schüsseln kalt ausspülen. 500 g Sahne mit 100 g Puderzucker steif schlagen. Die Schlagsahne in drei gleich große Teile teilen und jeden mit einer der folgenden Zutaten mischen: mit 4 cl Curaçao blue, mit 4 cl Eierlikör und mit 2 Eßlöffeln Sanddorn. Jede Mischung in eine vorbereitete Schüssel füllen und sofort ins Gefriergerät stellen.

2. Für die dunklen Eissorten die Schokolade in Stücke brechen und mit der Milch auf dem Herd bei schwacher Hitze unter ständigem Rühren erwärmen, bis die Schokolade geschmolzen ist. Den Topf vom Herd nehmen und die Masse darin glattrühren und etwas abkühlen lassen.

3. 400 g Sahne mit dem restlichen Puderzucker steif schlagen. Die Hälfte der Mokkabohnen grob hacken. Die Schokoladenmasse (sie darf noch lauwarm sein) vorsichtig, doch gründlich unter die Schlagsahne mischen. Die Masse in drei gleich große Teile teilen und jeden mit einer der folgenden Zutaten mischen: den ersten mit dem Cointreau, den zweiten mit dem Mokkalikör und den gehackten Mokkabohnen und den dritten mit 2–3 Eßlöffeln Raspelschokolade und dem Kirschwasser. Jede Mischung in eine Schüssel füllen und sofort ins Gefriergerät stellen.

4. Die Eissorten in 8–10 Stunden im Gefriergerät bei mindestens -18° gefrieren lassen. Eine große Servierplatte (möglichst aus Metall) von mindestens 34 cm Durchmesser vorkühlen.

5. Mindestens 2 Stunden vor dem Servieren das Eis aus dem Gefriergerät nehmen. Die Schüsseln nacheinander umgedreht für einige Sekunden unter fließendes warmes Wasser halten, dabei eine Hand unter die Schüssel halten. Das Eis mit der Hand durch eine leichte Drehung aus den Schüsseln nehmen und nebeneinander auf der Servierplatte anordnen. Dabei so schnell wie möglich arbeiten. Das Eis mit sauberem kaltem Wasser besprühen. Die Platte sofort wieder für mindestens 2 Stunden (besser über Nacht) ins Gefriergerät stellen.

6. Kurz vor dem Servieren alle Zutaten zum Garnieren bereitstellen. Die restliche Sahne steif schlagen und in einen Spritzbeutel mit Sterntülle füllen. Das Eis aus dem Gefriergerät nehmen und nochmals schnell und kurz mit kaltem Wasser besprühen. Auf das Curaçao-, das Eierlikör- und das Sanddorneis jeweils 1–2 Eßlöffel des entsprechenden Likörs oder Sirups geben. Die frischen Früchte zu den hellen Eissorten garnieren. Das Cointreau-Eis mit den Mandarin-Orangen umlegen. Das Mokkaeis mit den restlichen Mokkabohnen, das Kirscheis mit Schlagsahne, der restlichen Raspelschokolade und den Belegkirschen garnieren. Schlagsahnetupfer in die Zwischenräume spritzen.

Das Eisbuffet »mit Schuß« sieht prachtvoll aus und schmeckt auch so. Hinten von links nach rechts: Cointreau-Eis, Eierliköreis, Mokka-Eis. Vorne von links nach rechts: Curaçao-Eis, Kirscheis, Sanddorneis.

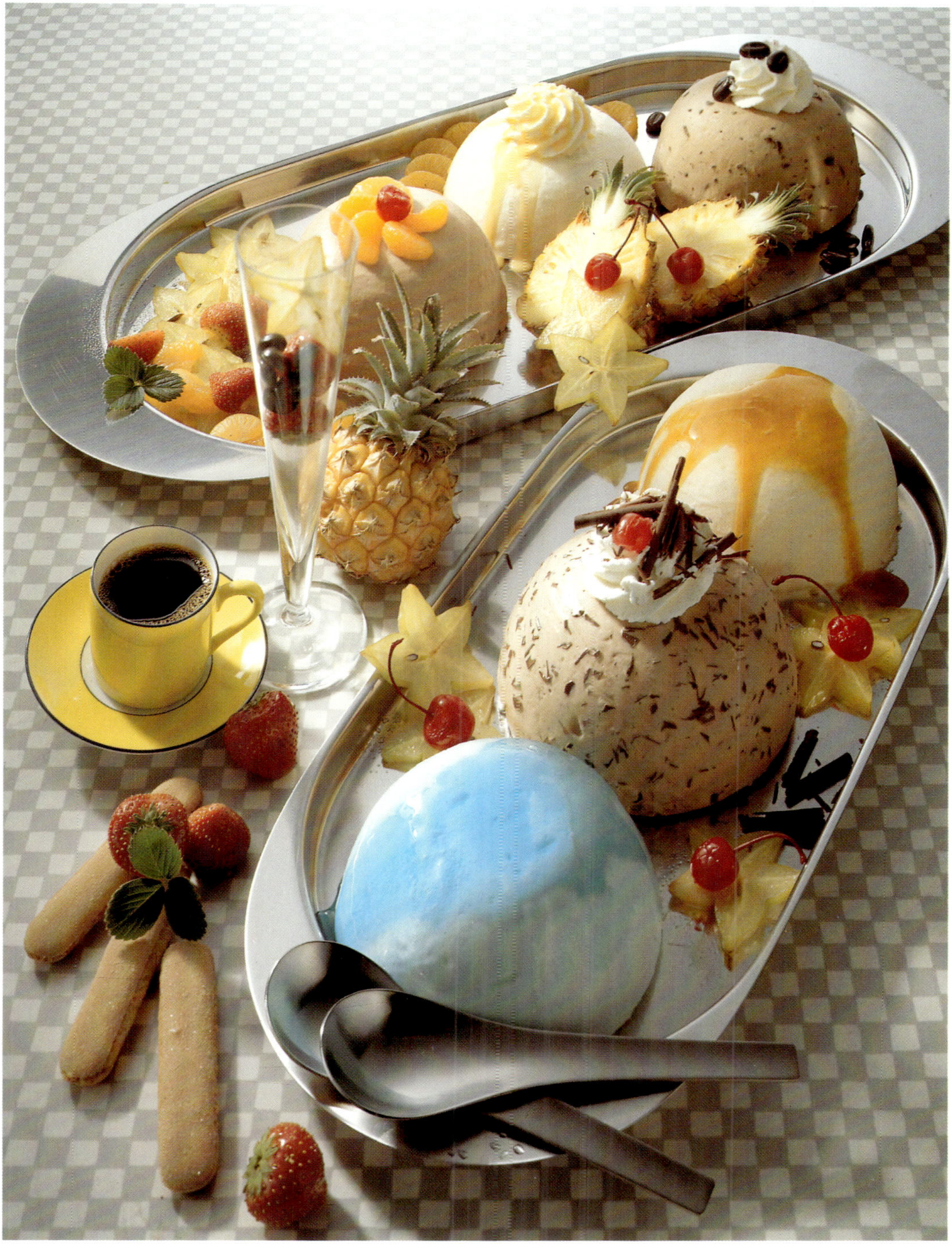

Sangria-Eis-Charlotte

Zutaten für 1 Form von 2 l Inhalt,
16 Portionen:
2 Blatt weiße Gelatine
1 festfleischiger Pfirsich
1/4 l Sangria (Fertigprodukt)
1 Teel. Zitronensaft
1 Schnapsglas (2 cl) Cointreau
5 Eigelb
120 g Zucker
50 g tiefgefrorene Himbeeren
200 g Sahne
150 g Löffelbiskuits
Zum Bestreuen:
etwa 50 g Puderzucker

Etwas schwierig
Raffiniert

Pro Portion etwa:
990 kJ/240 kcal
6 g Eiweiß · 14 g Fett
17 g Kohlenhydrate

- Zubereitungszeit: etwa 30 Minuten
- Gefrierzeit: 7–9 Stunden (am besten über Nacht)

1. Die Gelatine mit kaltem Wasser bedeckt quellen lassen.

2. Den Pfirsich halbieren, schälen und vom Stein befreien. Das Fruchtfleisch klein würfeln.

3. Die Pfirsichwürfel in der Sangria in knapp 5 Minuten weich kochen. Die Sangria mit dem Zitronensaft und dem Cointreau mischen. Die gegarten Pfirsichwürfel herausnehmen und beiseite stellen.

4. Die Eigelbe mit 100 g Zucker in einem Wasserbadeinsatz ohne Hitzezufuhr zu lockerem Schaum schlagen, die Sangria auf einmal dazugeben und alles im heißen Wasserbad zu lockerem Schaum aufschlagen (mit den Schneebesen eines elektrischen Handrührgerätes langsame bis mittlere Geschwindigkeit). Sobald der Schaum dampft, immer wieder einen Eßlöffel in die Masse tauchen. Wenn der Schaum am Löffel haften bleibt, den Einsatz aus dem Wasserbad nehmen. Die Gelatineblätter aus dem Wasser nehmen und etwas ausdrücken, unter den heißen Schaum rühren, bis sie sich aufgelöst haben.

5. Die Pfirsichwürfel und die gefrorenen Himbeeren zu dem Schaum geben. Nach 2–3 Minuten umrühren, dabei sollen die Himbeeren zerfallen und die Masse abkühlen. Die Masse weiter bei Zimmertemperatur abkühlen lassen, bis sie lauwarm ist.

6. Die Sahne mit dem restlichen Zucker steif schlagen und nach und nach vorsichtig, doch gründlich unter den Sangriaschaum mischen.

7. Die Form mit den Biskuits auslegen. Die Eismasse langsam und vorsichtig (am besten mit einem großen Löffel oder einer Kelle) einfüllen. Das Gefäß sofort ins Gefriergerät stellen und die Charlotte in 7–9 Stunden gefrieren lassen. Eine Servierplatte vorkühlen.

8. Zum Servieren die Form umgedreht auf eine Servierplatte stellen. Ein Küchentuch in heißes Wasser tauchen, ausdrücken und für etwa 30 Sekunden um die Form legen. Die Form nach oben wegziehen. Die Charlotte in 16 »Tortenstücke« schneiden. Beim Servieren jedes Stück mit Puderzucker besieben.

Eiszeit auf spanisch: Mit der raffinierten Sangria-Eis-Charlotte können nicht nur Senoritas und Señores hitzige Zeiten besser überstehen.

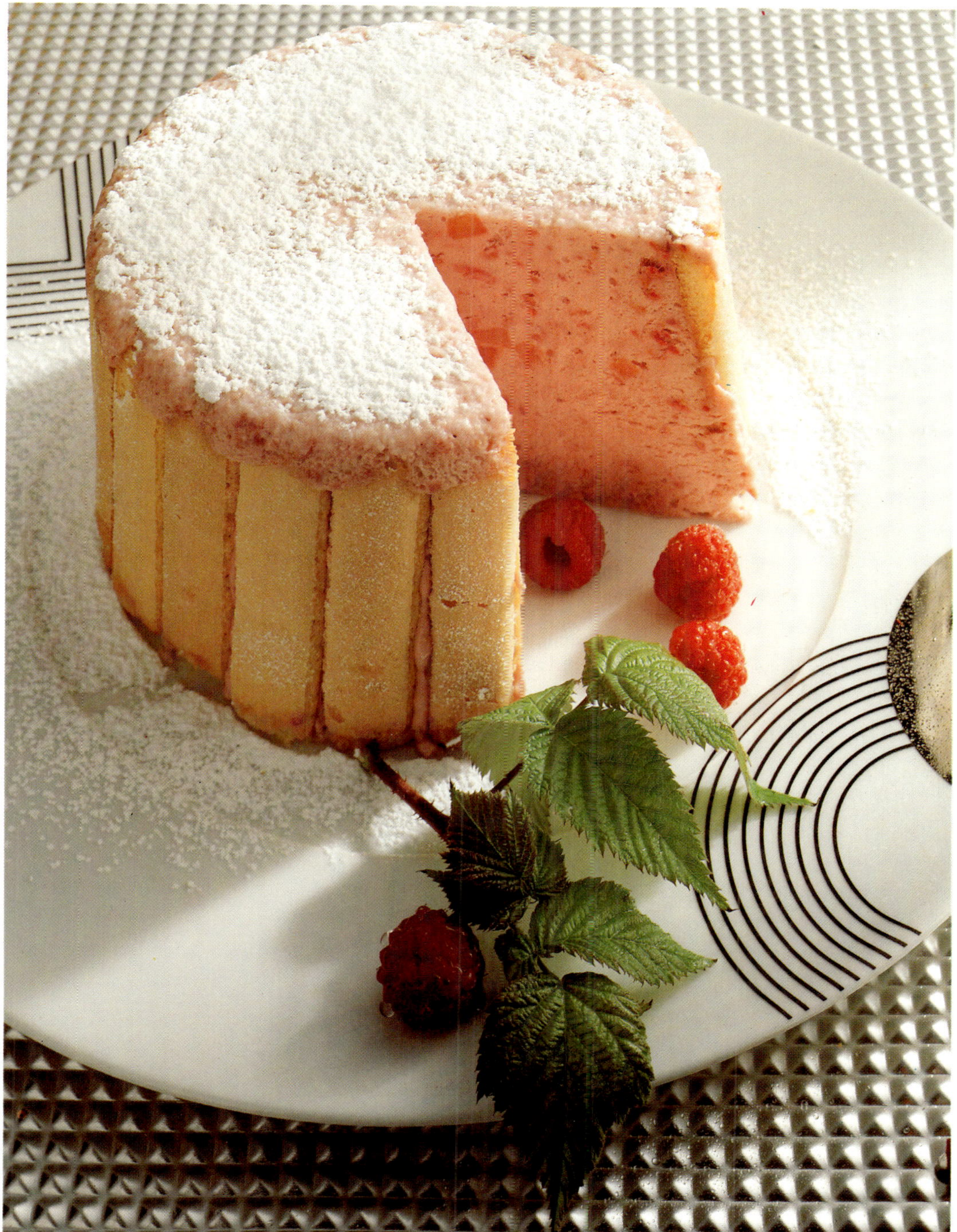

Zebra-Eiskuchen

Zutaten für 1 Königskuchen- oder
Rehrückenform von 26 cm Länge,
etwa 20 Scheiben:

100 g Kokosfett
(Palmin soft oder Palmin)

4 Eigelb

100 g Puderzucker

2 Schnapsgläser (4 cl) Rum, Arrak,
Grand Marnier oder Mokkalikör
(ersatzweise Orangensaft)

30 g (2 Eßl.) Kakaopulver

4 Eiweiß

150 g Butterkekse

Für die Form: Butterbrotpapier oder
Haushaltsfolie

Etwas schwierig
Für Gäste

Pro Portion etwa:
730 kJ/170 kcal
4 g Eiweiß · 12 g Fett
12 g Kohlenhydrate

- Zubereitungszeit: etwa 30 Minuten
- Gefrierzeit: 7–9 Stunden
  (am besten über Nacht)

1. Das Palmin soft (Palmin in kleinen Stücken) auf dem Herd bei schwacher Hitze oder im Mikrowellengerät (3–4 Minuten bei 600–700 Watt) flüssig werden lassen.

2. Die Eigelbe mit dem Puderzucker und dem Rum, dem Arrak oder dem Likör beziehungsweise dem Orangensaft dickschaumig aufschlagen (das dauert mit den Schneebesen eines elektrischen Handrührgerätes oder einer Küchenmaschine gut 5 Minuten).

3. Den Kakao und das flüssige abgekühlte Palmin (es darf noch lauwarm sein) abwechselnd nach und nach unter den Eigelbschaum rühren (das kann auch mit der Maschine bei niedriger Geschwindigkeit und schnell geschehen).

4. Die Eiweiße steif schlagen. Den Eischnee nach und nach vorsichtig unter die braune Masse ziehen.

5. Die Form mit Butterbrotpapier oder Haushaltsfolie auslegen. Auf dem Boden der Form etwa 4 Eßlöffel der Schokoladenmasse verteilen. Die Masse mit Keksen bedecken: die Kekse dazu nebeneinander legen und etwas auf die Masse drücken. Wieder 4–5 Eßlöffel Eismasse auf den Keksen glattstreichen, mit Keksen bedecken, jeden etwas andrükken. So fortfahren, bis die Eismasse und die Kekse verbraucht sind.

6. Den Zebrakuchen in der Form im Gefriergerät in 7–9 Stunden (am besten über Nacht) bei mindestens -18° gefrieren lassen.

7. Mindestens 1 Stunde vor dem Servieren eine Servierplatte vorkühlen.

8. Zum Servieren den Kuchen auf die vorgekühlte Platte stürzen, das Papier oder die Folie abziehen und den Zebrakuchen sofort servieren oder je nach Bedarf einzelne Stücke in der Form abschneiden und entnehmen.

Tip!

Beim Einfüllen und Schichten der Eismasse und der Kekse zum »Zebradesign« brauchen Sie keine besondere Sorgfalt. Die zähe Eismasse fließt von selber in die richtigen Lücken, wenn sie nur halbwegs gleichmäßig verteilt wird. Diesen Eiskuchen sollten Sie stets solo zu einer guten Tasse Kaffee servieren. Der Kuchen taut schnell auf, wenn er einmal die Kälte verlassen hat. Die Gäste und der Kaffee sollten daher auf den Kuchen warten, nicht umgekehrt.

Schwarz-weiß wie das beliebte Streifentier aus Zoo und Steppe ist der Zebrakuchen zwar nicht, aber mit etwas Phantasie läßt sich eine Verwandtschaft doch nicht leugnen.

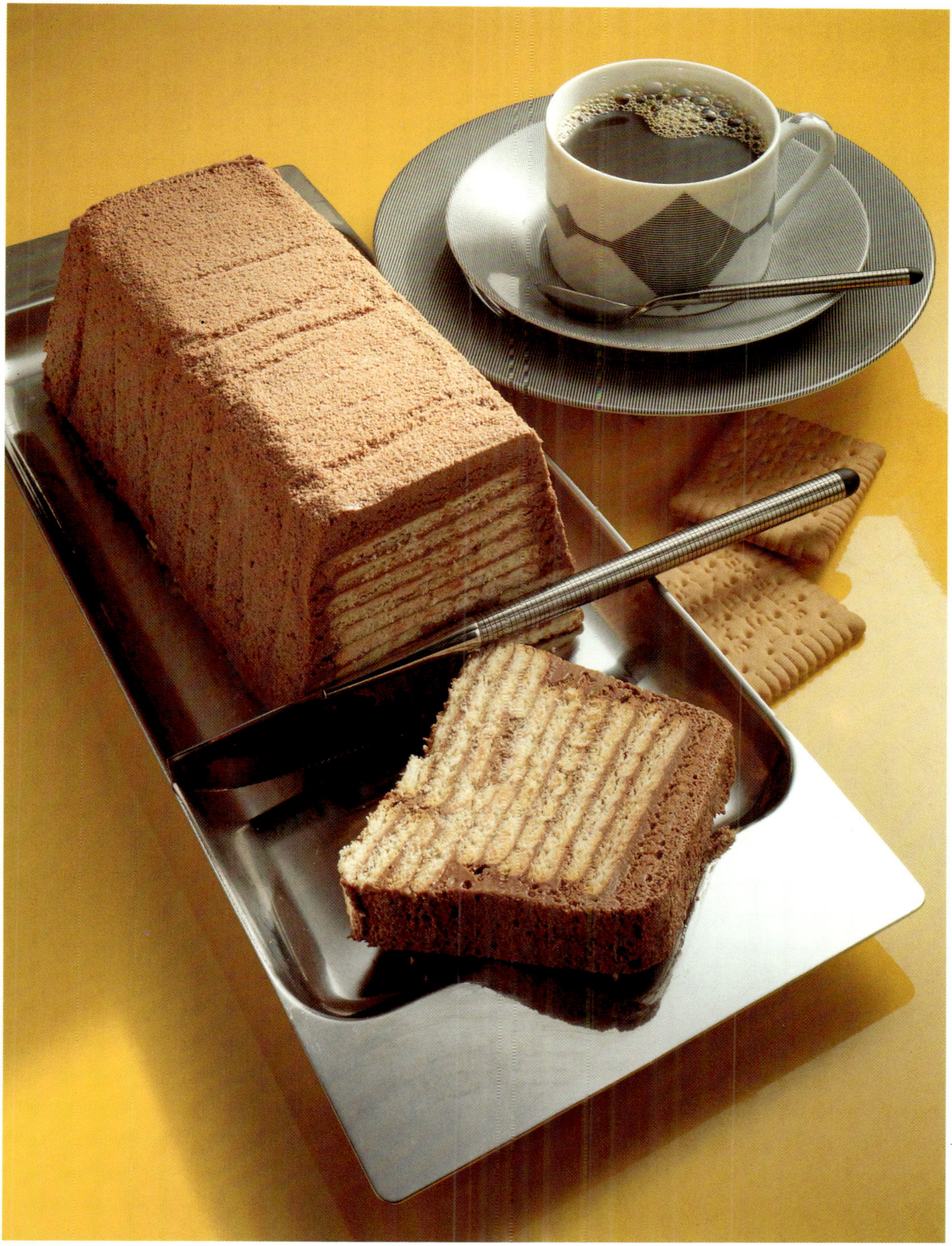

Torrone-Eiskugeln

Zutaten für etwa 10 Eispralinen:
100 g abgezogene Mandeln
50 g Zucker · 50 g Butter
4 Eßl. Milch
1 Teel. Bourbon-Vanillezucker
2 Eiweiß · 40 g Puderzucker
2 Teel. Zitronensaft
1/2 Schnapsglas (1 cl) weißer Rum
nach Belieben

Braucht etwas Zeit

Pro Stück etwa:
630 kJ / 150 kcal
4 g Eiweiß · 10 g Fett
10 g Kohlenhydrate

- Zubereitungszeit: etwa 1 Stunde (davon 30 Minuten Abkühlzeit)
- Gefrierzeit: 8–10 Stunden

1. Die Mandeln grob mahlen. Die Hälfte des Zuckers und der Butter in einer Pfanne flüssig werden lassen, die Mandeln hinzufügen und alles unter ständigem Rühren bei schwacher bis mittlerer Hitze leicht karamelisieren lassen, bis die Mandeln hellgoldbraun sind. Die Pfanne vom Herd nehmen und den Inhalt noch 1–2 Minuten weiterrühren.

2. Die Milch mit dem restlichen Zucker, der restlichen Butter und dem Vanillezucker aufkochen, umrühren, bis sich die Butter und der Zucker aufgelöst haben. Dann die Hälfte des Mandelkrokants darunterrühren, die andere Hälfte zum Garnieren beiseite legen. Die Masse in etwa 30 Minuten bei Zimmertemperatur abkühlen lassen.

3. Die Eiweiße mit dem Puderzucker und dem Zitronensaft zu sehr steifem Schnee schlagen (das dauert mit den Schneebesen eines elektrischen Handrührgerätes oder einer Küchenmaschine gut 5 Minuten).

4. Die abgekühlte Krokantmasse (sie darf noch lauwarm sein) und eventuell den Rum nach und nach vorsichtig, aber gleichmäßig unter den Eischnee mischen. Die Eismasse in einen Tiefkühlbehälter von etwa 1/2 l Inhalt füllen und in 7–9 Stunden im Gefriergerät fest werden lassen.

5. Das Eis mit dem Eisportionierer oder einem Teelöffel zu Kugeln von etwa 4 cm Durchmesser formen. Die Eiskugeln im restlichen beiseite gelegten Krokant wälzen und für mindestens 1 Stunde oder bis zum Servieren ins Gefriergerät legen.

Baci

Zutaten für etwa 20 Eispralinen:
100 g Zartbitterschokolade
4 Eßl. Milch · 2 Eigelb
40 g Puderzucker
1/2 Schnapsglas (1 cl) Mokkalikör
nach Belieben
50 g Haselnußkrokant (Fertigprodukt)
150 g Sahne · 2 Eßl. Kakaopulver

Gelingt leicht · Für Gäste

Pro Stück etwa:
490 kJ / 120 kcal
3 g Eiweiß · 9 g Fett
6 g Kohlenhydrate

- Zubereitungszeit: etwa 15 Minuten
- Gefrierzeit: etwa 11 Stunden

1. Die Schokolade in Stücke brechen und mit der Milch im heißen Wasserbad oder im Mikrowellengerät (2 Minuten bei 600–700 Watt) schmelzen lassen, dann glattrühren.

2. Die Eigelbe mit dem Puderzucker und eventuell dem Likör dickschaumig aufschlagen (das dauert mit den Schneebesen eines elektrischen Handrührgerätes oder einer Küchenmaschine etwa 5 Minuten). Den Krokant und die geschmolzene Schokolade vorsichtig, aber gründlich unter den Eigelbschaum mischen.

3. Die Sahne steif schlagen und nach und nach vorsichtig unter die Schokoladenmasse mischen. Die Masse in einen Tiefkühlbehälter von etwa 1/2 l Inhalt füllen und in etwa 10 Stunden im Gefriergerät bei mindestens -18° fest werden lassen.

4. Das Eis mit einem Teelöffel zu Kugeln von etwa 3 cm Durchmesser portionieren. Die Eiskugeln in dem Kakao wälzen und für mindestens 1 Stunde ins Gefriergerät legen.

Bild oben: Torrone-Eiskugeln
Bild unten: Baci

Cassata

Zutaten für 1 Rehrücken- oder
Königskuchenform von 26 cm Länge,
etwa 12 Stück:

250 g Mascarpone

250 g Sahne

je 2 Schnapsgläser (4 cl)
Maraschino-Likör (ersatzweise
Kirschsirup) und Ahornsirup

100 g gemischte kandierte, klein
gewürfelte Früchte (Orangeat,
Zitronat, kandierte Kirschen und
Melonen)

1 Eßl. Zitronensaft

100 g Puderzucker

Für die Form: Haushaltsfolie

Gelingt leicht · Für Gäste

Pro Stück etwa:
830 kJ/200 kcal
3 g Eiweiß · 19 g Fett
16 g Kohlenhydrate

- Zubereitungszeit: etwa 15 Minuten
- Gefrierzeit: 7–9 Stunden

1. Den Mascarpone in Flöckchen zusammen mit 4 Eßlöffeln Sahne im heißen Wasserbad unter öfterem Umrühren oder im Mikrowellengerät (etwa 2 Minuten bei 600–700 Watt) gerade eben schmelzen lassen.

2. Die geschmolzene Masse mit dem Likör und dem Ahornsirup glattrühren. Die kandierten Früchte, den Zitronensaft und die Hälfte des Puderzuckers gründlich unter den Mascarpone rühren.

3. Die restliche Sahne mit dem restlichen Puderzucker steif schlagen und nach und nach vorsichtig, aber gründlich unter die Mascarponemasse mischen. Die Form mit Folie auslegen. Die Eismasse einfüllen, glattstreichen und die Cassata in 7–9 Stunden gefrieren lassen.

4. Zum Servieren die Form umgedreht auf eine Servierplatte stellen. Die Form nach oben wegziehen. Die Folie vom Eis abziehen. Die Cassata in dicke Scheiben schneiden und sofort servieren. Oder einzelne Scheiben bei Bedarf direkt aus der Form schneiden und entnehmen.

Tirami-su-Eis

Das klassische Rezept wurde hier ein bißchen umgewandelt, damit es als Eis »funktioniert«. Es schmeckt mindestens genauso gut.

Zutaten für 1 flachen, rechteckigen
Tiefkühlbehälter oder 1 Glasform
von etwa 15 x 25 cm Größe,
etwa 20 Stück:

250 g Mascarpone

0,1 l heißer starker Espressokaffee

80–100 g Puderzucker
(nach Geschmack)

1 Schnapsglas (2 cl) Amaretto-Likör
nach Belieben

200 g Sahne

etwa 16 Löffelbiskuits

1 Eßl. Kakaopulver

Gelingt leicht

Pro Stück etwa:
450 kJ/110 kcal
3 g Eiweiß · 19 g Fett
16 g Kohlenhydrate

- Zubereitungszeit: etwa 20 Minuten
- Gefrierzeit: 5–7 Stunden

1. Den Mascarpone in Flöckchen mit dem heißen Espresso und zwei Dritteln des Puderzuckers mit einem Schneebesen glattrühren. Dazu eventuell alles zusammen erhitzen, bis der Mascarpone geschmolzen ist (zum Beispiel 1–2 Minuten im Mikrowellengerät bei 600–700 Watt). Die Masse abkühlen lassen.

2. Sobald die Mascarponemasse abgekühlt ist (sie darf noch lauwarm sein), den Amaretto nach Belieben darunterrühren. Die Sahne mit dem restlichen Puderzucker steif schlagen. Die Schlagsahne nach und nach vorsichtig, aber gründlich unter die Mascarponemasse mischen.

3. Die Form mit den Biskuits auslegen und die Eismasse mit einem Eßlöffel langsam und vorsichtig darüber verteilen, damit die Biskuits nicht verrutschen und etwas von der Masse aufsaugen.

4. Die Form ins Gefriergerät stellen und das Eis in 5–7 Stunden bei mindestens -18° gefrieren lassen. Vor dem Servieren mit dem Kakao besieben.

Im Bild oben: Cassata
Im Bild unten: Tirami-su-Eis

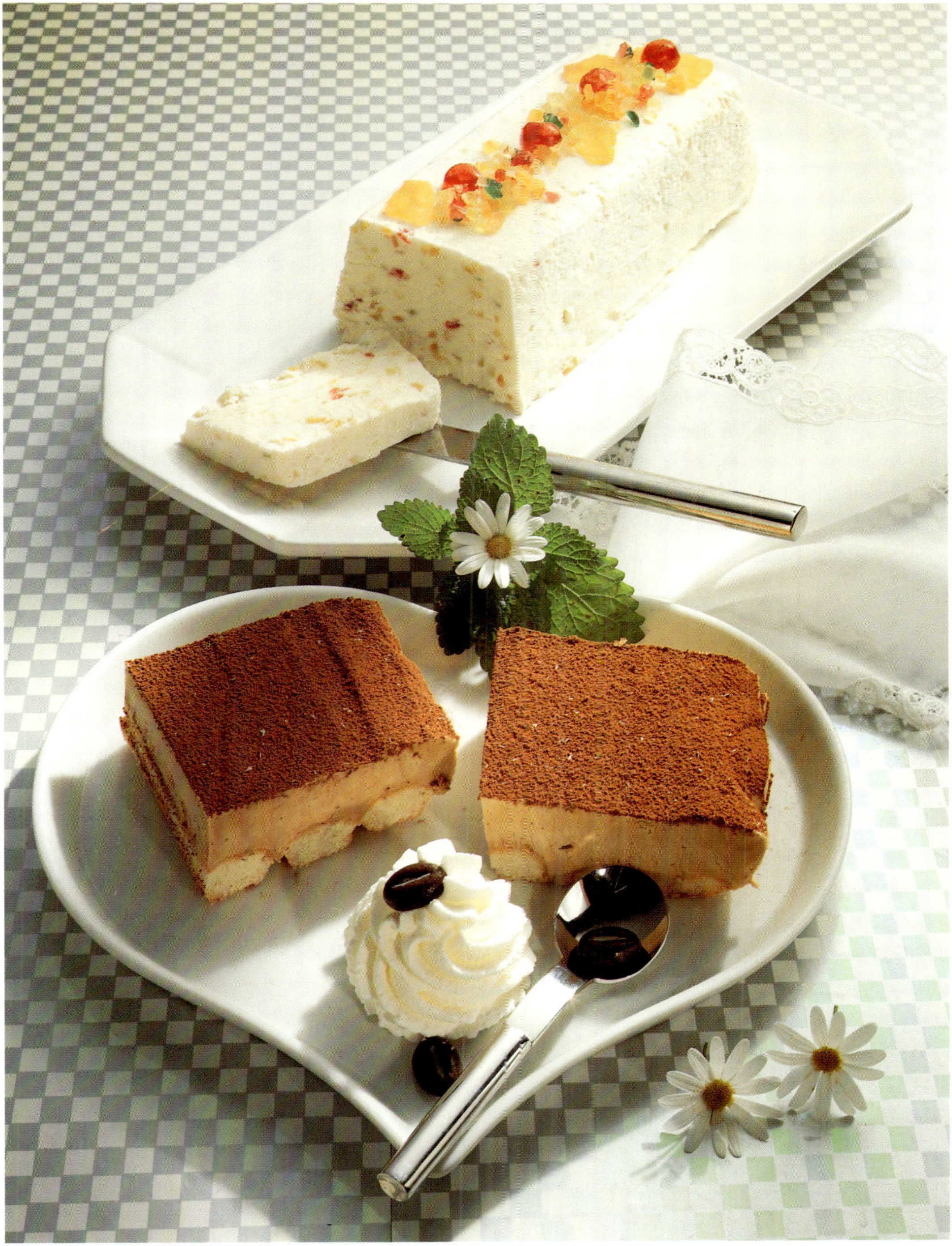

Mozart-Eistorte

Zutaten für 1 Springform von
18 cm Ø, etwa 12 Tortenstücke:

Für den Biskuitboden:

2 Eier

50 g Zucker

1 Schnapsglas (2 cl) Amaretto-Likör
(ersatzweise 1 Eßl. Wasser und
5 Tropfen Bittermandelaroma)

50 g abgezogene feingemahlene
Mandeln

20 g Speisestärke

Für die Form: Butter

Für das Pistazienmarzipan:

100 g Marzipan-Rohmasse

30 g feingemahlene Pistazien

30 g Puderzucker und etwa
20 g zum Ausrollen

Für das Nougateis:

100 g Nußnougat (Fertigprodukt)

2 Eier

1 Teel. Zitronensaft

200 g Sahne

40 g Puderzucker

Für die Glasur:

100 g braune Kuchenglasur
(keine Kuvertüre)

25 g Kokosfett
(Palmin oder Palmin soft)

Gelingt leicht · Für Gäste

Pro Stück etwa:
1400 kJ/330 kcal
8 g Eiweiß · 21 g Fett
27 g Kohlenhydrate

- Zubereitungszeit:
  etwa 3–4 Stunden (davon
  2–3 Stunden Abkühlzeit)
- Gefrierzeit: 4–6 Stunden

1. Für den Biskuitboden die Eier mit dem Zucker und dem Likör dickschaumig aufschlagen (das dauert mit den Schneebesen eines elektrischen Handrührgerätes oder einer Küchenmaschine etwa 5 Minuten). Die gemahlenen Mandeln auf den Eigelbschaum geben und die Stärke darüber sieben. Alles vorsichtig, aber gründlich mischen. Die Form ausfetten. Den Teig einfüllen, glattstreichen und in 15–20 Minuten (Vorheizzeit dazugerechnet, ohne Vorheizzeit braucht der Tortenboden nur 10–15 Minuten) bei 200° (Umluft: 180°) hellgoldbraun backen. Den Tortenboden in der Form 2–3 Stunden gut auskühlen lassen.

2. Für das Pistazienmarzipan die Marzipan-Rohmasse in kleine Stücke schneiden, mit den gemahlenen Pistazien und den 30 g Puderzucker zu einer festen glatten Masse verkneten. Eine Arbeitsfläche mit etwas Puderzucker besieben, das Marzipan darauf in der Größe der Springform ausrollen, dabei das Marzipan eventuell mehrmals mit Puderzucker besieben. Den Marzipanboden vorsichtig mit einer Palette von der Arbeitsfläche lösen und auf den Biskuitboden legen. Etwas andrücken.

3. Für das Nougateis das Nußnougat in Stücken in einen Wasserbadeinsatz oder ein mikrowellengeeignetes Gefäß geben. Im heißen Wasserbad unter öfterem Umrühren oder im Mikrowellengerät in etwa 2 Minuten bei 600–700 Watt schmelzen lassen, danach glattrühren.

4. Die flüssige Nougatmasse nur ganz kurz abkühlen lassen. Die Eier nacheinander unter die warme Nougatmasse rühren. Die Masse jeweils gut glattrühren. Zuletzt den Zitronensaft gründlich unterrühren.

5. Die Sahne mit dem Puderzucker steif schlagen, nach und nach vorsichtig, aber gründlich mit der Nougatmasse mischen und auf dem Marzipan glattstreichen.

6. Die Torte ins Gefriergerät stellen und in 4–6 Stunden gut fest werden lassen.

7. Die Kuchenglasur in kleine Stücke schneiden und zusammen mit dem Kokosfett in Flöckchen, wie unter Punkt 3 beschrieben, flüssig werden lassen.

8. Die Form aus dem Gefriergerät nehmen. Ein Küchentuch in heißes Wasser tauchen und für etwa 30 Sekunden um den Tortenrand legen. Mit einem Küchenmesser die Torte vom Innenrand der Form lösen. Den Springformrand abnehmen.

9. Gut die Hälfte der flüssigen Glasur auf die Torte gießen, mit einer Palette sofort und schnell glattstreichen. Den Rand der Torte mit einem Pinsel schnell zweimal hintereinander mit der Glasur bestreichen.

10. Die Torte bis zum Servieren ins Gefriergerät stellen.

Eine Symphonie in Eis, die dem großen Komponisten sicher gefallen hätte: die Mozart-Eistorte.

Pistazien-Mohn-Eisbombe

Zutaten für 1 Eisbombenform oder halbkugelförmige Rührschüssel von gut 1 l Inhalt, etwa 8 Portionen:

30 g Pistazien
3/8 l Milch
100 g Zucker
100 g Marzipan-Rohmasse
30 g gemahlener Mohn
1 Teel. Blütenhonig
1 Teel. Rosenwasser
1 Messerspitze Zimtpulver
600 g Sahne
2 Eßl. Puderzucker
1 Schnapsglas (2 cl)
Amaretto-Likör nach Belieben
2 Eßl. Birnendicksaft oder Birnenkraut

Läßt sich gut vorbereiten
Raffiniert

Pro Portion etwa:
1900 kJ/450 kcal
6 g Eiweiß · 32 g Fett
35 g Kohlenhydrate

- Zubereitungszeit:
  etwa 2 3/4 Stunden
- Gefrierzeit: 2mal 15–30 Minuten in der Eismaschine und 4 1/2 – 6 1/2 Stunden im Gefriergerät

1. Die Pistazien fein mahlen.

2. Die Milch mit dem Zucker in einen kleinen Topf geben. Die Marzipan-Rohmasse mit einem Küchenmesser vom Block in die Milch schaben und alles bei mittlerer Hitze erwärmen. Wenn die Flüssigkeit zu dampfen beginnt, die Marzipanmilch mit einem Pürierstab oder einem Schneebesen glattrüh-

ren, bis keine Klümpchen mehr vorhanden sind. Die Milch bis kurz vor den Siedepunkt erhitzen. Dann die Hälfte (0,3 l) herausnehmen und in einem anderen Gefäß mit den gemahlenen Pistazien mischen. Den gemahlenen Mohn in die im Topf verbliebene Milch geben und alles unter öfterem Umrühren etwa 2 Minuten kochen. Den Topf vom Herd nehmen, den Honig, das Rosenwasser und den Zimt unter die heiße Mohnmilch rühren.

3. Die Mohnmilch in ein kühles Gefäß umfüllen und beide Flüssigkeiten – die Pistazien- und die Mohnmilch – im Kühlschrank in etwa 2 Stunden gut abkühlen lassen.

4. Die Form mit kaltem Wasser ausspülen und ins Gefriergerät stellen.

5. 200 g Sahne mit 1 Eßlöffel Puderzucker halbsteif schlagen und unter die gekühlte Mohnmilch mischen.

6. Die Mohnmasse in den laufenden Behälter der Eismaschine gießen und in 15–30 Minuten gefrieren lassen.

7. Das fertige Mohneis eventuell schnell mit der Hälfte des Amaretto-Likörs mischen und auf der Innenwand der Form verteilen und glattstreichen. Die Form mit dem Eis sofort wieder ins Gefriergerät stellen. Nach etwa 30 Minuten nochmals das Eis auf der Innenwand der Form glattstreichen.

8. Sobald das Mohneis fest gefroren ist (das dauert 1–2 Stunden), 200 g Sahne mit dem restlichen Puderzucker halbsteif schlagen und unter die gekühlte Pistazienmilch mischen. Die Masse in den laufenden Behälter der Eismaschine füllen und in 15–30 Minuten gefrieren lassen.

9. Das Pistazieneis eventuell mit dem restlichen Amaretto mischen und die Form damit ausfüllen. Alles in mindestens 2–3 Stunden im Gefriergerät gut fest werden lassen.

10. Eine Servierplatte vorkühlen. Die restliche Sahne mit dem Birnendicksaft oder Birnenkraut steif schlagen und in einen Spritzbeutel mit Sterntülle füllen. Den Spritzbeutel bis zum Gebrauch in den Kühlschrank legen.

11. Die Form aus dem Gefriergerät nehmen, umgedreht warmes Wasser darüber laufen lassen, dabei eine Hand unter die Form halten. Das Eis mit einer leichten Drehung aus der Form nehmen und auf die Servierplatte setzen. Mit der Birnensahne Rosetten auf die gesamte Oberfläche der Eisbombe spritzen, dabei am unteren Rand beginnen. Die Eisbombe nochmals für mindestens 1 Stunde oder bis zum Servieren ins Gefriergerät stellen.

Ein grandioses »Monument« eiskalter Küchenkunst ist die Pistazien-Mohn-Eisbombe.

Natursüßes Eis

Zutaten für etwa 0,7 l Eis,
etwa 5 Portionen:
1/8 l weißer Traubensaft
50 g (2 1/2 EßI.) Ahornsirup
1 Messerspitze gemahlene
Bourbon-Vanille
200 g Sahne

Gelingt leicht

Pro Portion etwa:
690 kJ/ 160 kcal
1 g Eiweiß · 13 g Fett
12 g Kohlenhydrate

- Zubereitungszeit: 20–25 Minuten
- Gefrierzeit: 5–7 Stunden

Tip!

Serviervorschlag: 250 g Erdbeeren waschen, putzen und je nach Größe halbieren oder vierteln oder 250 g weiße Weintrauben waschen, von den Stielen zupfen, eventuell halbieren, von Kernen befreien und enthäuten. Das Eis zu Kugeln portionieren. Die Früchte abwechselnd mit den Eiskugeln in flachen Eisbechern anrichten. Mit Mandelkrokant natursüß (Rezept auf Seite 55) bestreuen.

1. Den Traubensaft mit dem Ahornsirup und der Vanille gut 5 Minuten sprudelnd kochen lassen, bis die Masse auf etwa 0,1 l reduziert ist.

2. Die Mischung in ein kühles Gefäß füllen und mindestens 10 Minuten abkühlen lassen.

3. Die Sahne steif schlagen. Die abgekühlte Masse (sie darf noch lauwarm sein) nach und nach vorsichtig, aber gründlich unter die Schlagsahne mischen.

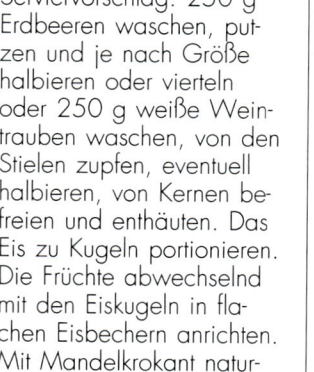

4. Die Eismasse in einen Tiefkühlbehälter aus Plastik von etwa 1 l Inhalt füllen und in 5–7 Stunden bei mindestens -18° gefrieren lassen. Nach etwa 2 Stunden einmal vorsichtig durchrühren.
Nach Belieben mit Früchten und Mandelkrokant natursüß (Rezept nächste Seite) garnieren.

Mandelkrokant natursüß

Zutaten zum Garnieren von etwa
10 Eisbechern:
100 g abgezogene Mandeln
30 g Butter
30 g Blütenhonig
20 g Ahornsirup

Etwas schwierig

Pro Portion etwa:
410 kJ/100 kcal
2 g Eiweiß · 8 g Fett
5 g Kohlenhydrate

- Zubereitungszeit:
  etwa 2 1/4 Stunden
  (davon 2 Stunden Abkühlzeit)

1. Die Mandeln grob mahlen. In einer (möglichst schweren) Pfanne von etwa 28 cm Durchmesser die Butter, den Honig und den Ahornsirup zerlaufen und aufschäumen lassen.

2. Die gemahlenen Mandeln auf einmal in die Pfanne geben und alles unter ständigem Rühren bei kleiner bis mittlerer Hitze leicht karamelisieren lassen. Wenn die Mandeln beginnen, hellgoldbraun zu werden, die Pfanne vom Herd nehmen und die Masse darin noch 1–2 Minuten weiter rühren.

3. Den Krokant in der Pfanne abkühlen lassen (sollte die Pfanne jedoch noch sehr heiß sein, den Krokant in eine kalte Pfanne umfüllen, damit er nicht weiter bräunen kann). Gelegentlich umrühren, damit der Krokant nicht zusammenklebt. Später den Krokant mit einem Bratenwender vom Pfannenboden lösen und grob zerkleinern.

4. Den natursüßen Mandelkrokant völlig auskühlen lassen und in einem Schraubglas aufbewahren.

Malven-Baiser-Eis

Bei diesem Eis errät kaum jemand, woher die schöne Farbe und das feine Fruchtaroma kommen. Es schmeckt jedem, nicht nur Diätbewußten.

Zutaten für 1,1 l Eis, etwa 10 Portionen:
1/4 l Wasser
1 Handvoll getrocknete Hibiskus-blüten (für roten Malventee, Apotheke, Reformhaus oder Teeladen)
100 g Zucker
1 Teel. Zitronensaft
3 Eiweiß
100 g Frischkäse leicht oder Mascarpone
Zum Garnieren:
1–2 Kiwis, etwa 50 g Himbeeren, frisch oder tiefgefroren

Cholesterinarm · Fettarm

Pro Portion etwa:
(mit Frischkäse leicht zubereitet)
310 kJ/70 kcal
4 g Eiweiß · 2 g Fett
11 g Kohlenhydrate

- Zubereitungszeit einschließlich Abkühlzeit: etwa 40 Minuten
- Gefrierzeit: 7–9 Stunden

1. Das Wasser mit den Hibiskusblüten etwa 5 Minuten offen sprudelnd kochen lassen.

2. Den Sud zugedeckt mindestens 10 Minuten ziehen lassen, dann durch ein Sieb gießen und den Tee mit dem Zucker und dem Zitronensaft verrühren, bis sich der Zucker aufgelöst hat.

3. Den Frischkäse oder den Mascarpone in Flöckchen mit gut der Hälfte der heißen Flüssigkeit mit dem Schneebesen glattrühren. Dazu die Masse eventuell auf dem Herd bei schwacher Hitze erwärmen, bis der Käse geschmolzen ist. Die Masse dann abkühlen lassen.

4. Die restliche Flüssigkeit abkühlen lassen.

5. Die Eiweiße steif schlagen, dabei nach und nach den abgekühlten Malvensirup (den ohne Käse) dazugießen, bis sehr fester Schaum entstanden ist (das dauert mit den Schneebesen eines elektrischen Handrührgerätes oder einer Küchenmaschine gut 5 Minuten).

6. Die abgekühlte Käsemischung (sie darf noch lauwarm sein) nach und nach vorsichtig, aber gründlich unter den Schaum mischen.

7. Die Masse in einen Tiefkühlbehälter aus Plastik von mindestens 1,2 l Fassungsvermögen füllen und bei mindestens -18° in etwa 7–9 Stunden gefrieren lassen.

8. Die Kiwis schälen und in Scheiben schneiden. Die Himbeeren eventuell putzen. Das fertige Eis zu Kugeln portionieren und mit den Kiwischeiben und den Himbeeren garnieren.

Tip!

Sollten Sie keine Hibiskusblüten bekommen, können Sie auch Malventeebeutel verwenden. Dafür 5 Teebeutel à 2 g (oder eine entsprechende Menge Beutel mit anderem Gewicht) in einem kleinen Topf mit 0,2 l Wasser etwa 5 Minuten kochen und etwa 5 Minuten ziehen lassen. Dafür die Aufhängevorrichtungen von den Beuteln abreißen und die Beutel flach auf den Topfboden legen und ins Wasser drücken. Dann den Tee durch ein Sieb abgießen, die Beutel dabei etwas ausdrücken. Weiter verfahren wie im Rezept angegeben.

Zart und duftig wie die rosa Blüten der Malve ist das Malven-Baiser-Eis. Mit bunten Früchten hübsch garniert, präsentiert es sich außerdem als richtiger »Augenschmaus«.

Eiscreme für Diabetiker

Zutaten für 0,4 l Eis,
etwa 4 Portionen:
100 g weiße Diabetiker-Schokolade
(mit Fruchtzucker gesüßt)
1/4 l fettarme Frischmilch
(1,5 % Fettgehalt)
1 Messerspitze gemahlene
Bourbon-Vanille
1 Ei

Gelingt leicht

Pro Portion etwa:
820 kJ/200 kcal
7 g Eiweiß · 11 g Fett
17 g Kohlenhydrate
1 BE

- Zubereitungszeit:
etwa 2 1/2–3 3/4 Stunden
(davon 2 Stunden Abkühlzeit)
und 15–30 Minuten Gefrierzeit)

1. Die Schokolade in Stücke brechen und auf dem Herd zusammen mit etwa einem Viertel der Milch und mit der Vanille bei schwacher Hitze unter ständigem Rühren mit dem Schneebesen erwärmen, bis die Schokolade geschmolzen ist.

2. Den Topf vom Herd nehmen und die Masse darin mit dem Schneebesen glattrühren. Dann die restliche Milch und das Ei unter die Masse rühren.

3. Die Schokoladenmilch in ein kühles Gefäß umfüllen und im Kühlschrank zugedeckt in etwa 2 Stunden gut abkühlen lassen.

4. Die Eismasse in den laufenden Behälter der Eismaschine

füllen und in 15–30 Minuten gefrieren lassen.

Variante:
Braunes Schokoladeneis
Statt der weißen Schokolade Zartbitterschokolade für Diabetiker (mit Fruchtzucker gesüßt) verwenden. Sonst genauso herstellen wie im Rezept auf dieser Seite angegeben.

Tip!
Eiscreme light eignet sich ebenfalls für Diabetiker.

Eiscreme light

Zutaten für 1/2 l Eis,
etwa 5 Portionen:
2 Bananen (etwa 300 g)
1/8 l fettarme Frischmilch
(1,5 % Fettgehalt)
1/8 l Orangensaft
(von 2–3 Orangen)
1 Teel. flüssiger Süßstoff
je 1 Messerspitze Zimt- und
Ingwerpulver · 1 Ei
Zum Garnieren: frische Früchte,
zum Beispiel Würfel von Ananas-
fruchtfleisch, Melonenkugeln oder
Orangenspalten

Kalorienarm

Pro Portion etwa:
440 kJ/100 kcal
4 g Eiweiß · 3 g Fett
15 g Kohlenhydrate
1,3 BE

- Zubereitungszeit: 2 3/4–3 Stunden (davon 2 Stunden Abkühlzeit und 30–45 Minuten Gefrierzeit)

1. Die Bananen schälen, in Stücken mit der Milch, dem Orangensaft, dem Süßstoff, dem Zimt, dem Ingwer und dem Ei in den Mixer füllen und fein mixen. Oder mit einem Pürierstab fein pürieren. Die Masse im Kühlschrank in etwa 2 Stunden gut abkühlen lassen.

2. Die Eismasse in den laufenden Behälter der Eismaschine füllen und in 15–30 Minuten gefrieren lassen.

3. Das Eis mindestens 15 Minuten im Gefriergerät nachfrieren lassen. Zu Kugeln portionieren und mit frischen Früchten garnieren.

Tip!
Der Traum vom »leichten Genießen« geht beim Eisessen selten in Erfüllung. Wenn Sie auf Ihre Figur achten wollen, essen Sie Eis doch – zumindest im Sommer – als vollständige Mahlzeit, mit frischen Früchten ergänzt. Frisch zubereitetes Eis enthält meist alle lebensnotwendigen Nährstoffe und macht gute Laune.

Bild oben:
Eiscreme für Diabetiker (Variante)
Bild unten: Eiscreme light

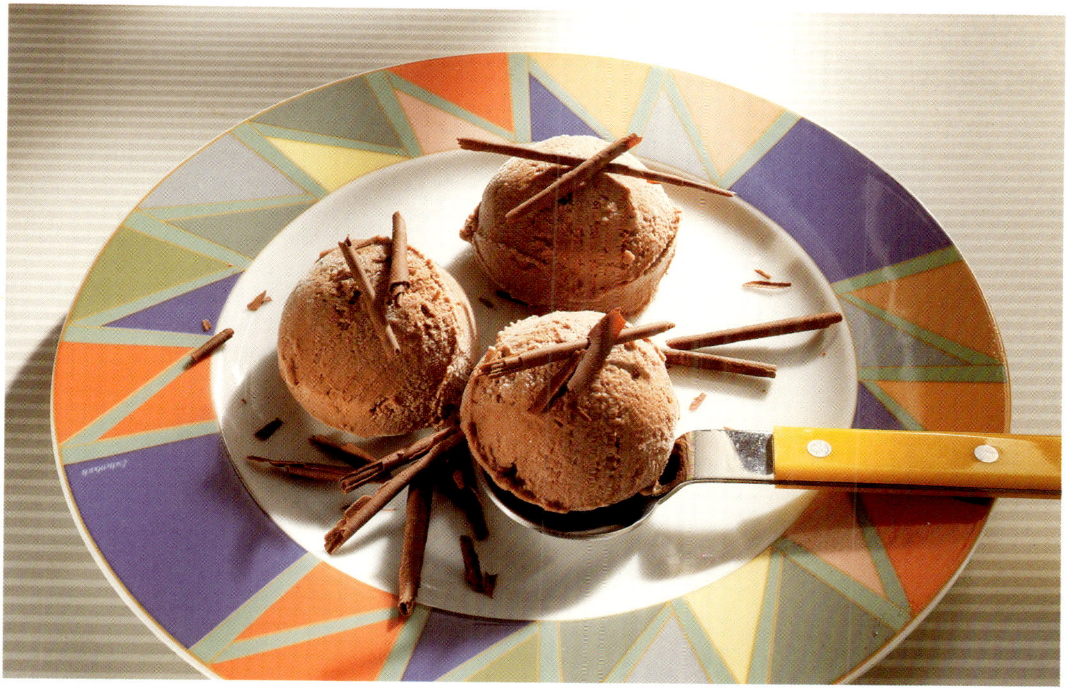

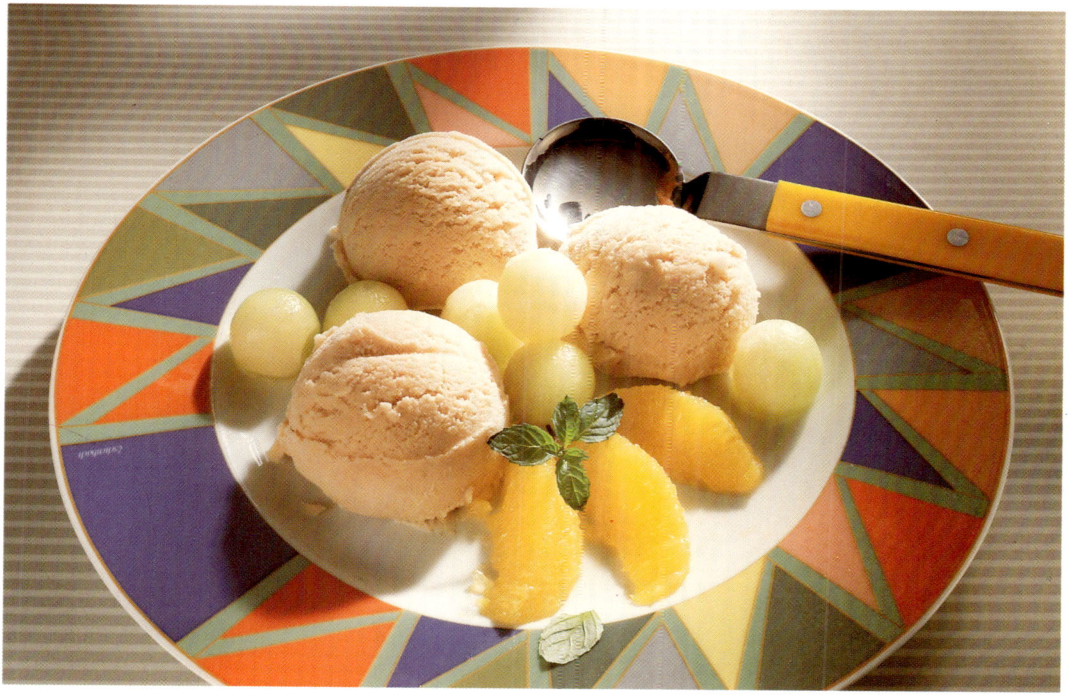

EIS FÜR GESUNDHEITSBEWUSSTE

Gurken-Joghurt-Eis

Zutaten für etwa 1 l Eis,
etwa 10 Portionen:
150 g geschälte Salatgurke
(von 1/3–1/2 Gurke)
100 g Zucker
1 Eßl. Zitronensaft
5 Nelken
3 Eiweiß
300 g Vollmilchjoghurt
2 Eßl. Walnußöl
Zum Garnieren: Gurken- oder
Zitronenscheiben (von unbehandel-
ten Früchten) und Zitronenmelisse-
blättchen

Cholesterinarm

Pro Portion etwa:
370 kJ/90 kcal
4 g Eiweiß · 3 g Fett
12 g Kohlenhydrate

● Zubereitungszeit: 1 1/4 – 3 1/4 Stunden (davon 1–3 Stunden Marinierzeit)

1. Die Gurke fein reiben und mit dem Zucker, dem Zitronensaft und den Nelken verrühren. Die Mischung zugedeckt 1–3 Stunden an einem kühlen Platz stehen lassen (marinieren).

2. Die Gurkenmischung durch ein Sieb (am besten ein Spitzsieb) gießen, den Saft auffangen, dabei den Rückstand im Sieb mit einem Löffel gut ausdrücken (den Rückstand nicht verwenden).

3. Die Eiweiße steif schlagen, dabei den Gurkensaft nach und nach dazugießen, bis fester Schaum entstanden ist

(das dauert mit dem Schneebesen eines elektrischen Handrührgerätes oder einer Küchenmaschine etwa 5 Minuten).

4. Den Joghurt mit dem Öl glattrühren. Den Eischnee nach und nach vorsichtig, aber gründlich unter den Joghurt mischen.

5. Die Eismasse in einen Tiefkühlbehälter von etwa 1 1/2 l Inhalt füllen und in 7–9 Stunden bei mindestens -18° gefrieren lassen. Die Eismasse während der Gefrierzeit ein- bis zweimal vorsichtig umrühren (sie fällt dabei etwas zusammen).

6. Das fertige Eis zu Kugeln portionieren und mit Gurken- oder Zitronenscheiben und Melisseblättchen garnieren.

Honig-Sesam-Eis

Zutaten für etwa 1 l Eis,
etwa 10 Portionen:
30 g ungeschälte Sesamsamen
100 g cremiger Blütenhonig
1 Messerspitze gemahlene
Bourbon-Vanille
1 Teel. Kakaopulver · 2 Eier
100 g saure Sahne (10% Fettgehalt)
1 Teel. Zitronensaft · 200 g Sahne

Raffiniert

Pro Portion etwa:
1200 kJ/290 kcal
9 g Eiweiß · 21 g Fett
12 g Kohlenhydrate

● Zubereitungszeit: etwa 50 Minuten (davon 30 Minuten Abkühlzeit)
● Gefrierzeit: 5–7 Stunden

1. Die Sesamsamen in einer trockenen (möglichst schweren) Pfanne unter ständigem Rühren bei mittlerer Hitze rösten, bis sie beginnen zu »springen« und angenehm zu duften. Die Pfanne vom Herd nehmen, die Samen darin noch etwa 1/2 Minuten unter Rühren weiterrösten. Dann den Honig, die Vanille und den Kakao hinzufügen und alles so lange weiterrühren, bis der Honig flüssig geworden ist. Die Masse etwas abkühlen lassen.

2. Die Eier trennen. Die Eigelbe mit der Honigmasse (sie darf noch lauwarm sein) dickschaumig aufschlagen (das dauert mit den Schneebesen eines elektronischen Handrührgerätes oder einer Küchenmaschine knapp 5 Minuten). Zum Schluß die saure Sahne vorsichtig unter den Eischaum rühren.

3. Die Eiweiße mit dem Zitronensaft steif schlagen.

4. Die Sahne steif schlagen.

5. Den Eischnee und die Schlagsahne nach und nach vorsichtig, aber gründlich unter die Eigelbmasse mischen.

6. Die Eismasse in einen Tiefkühlbehälter von mindestens 1 l Inhalt füllen und in 5–7 Stunden gefrieren lassen.

Im Bild hinten: Honig-Sesam-Eis
Im Bild vorne: Gurken-Joghurt-Eis

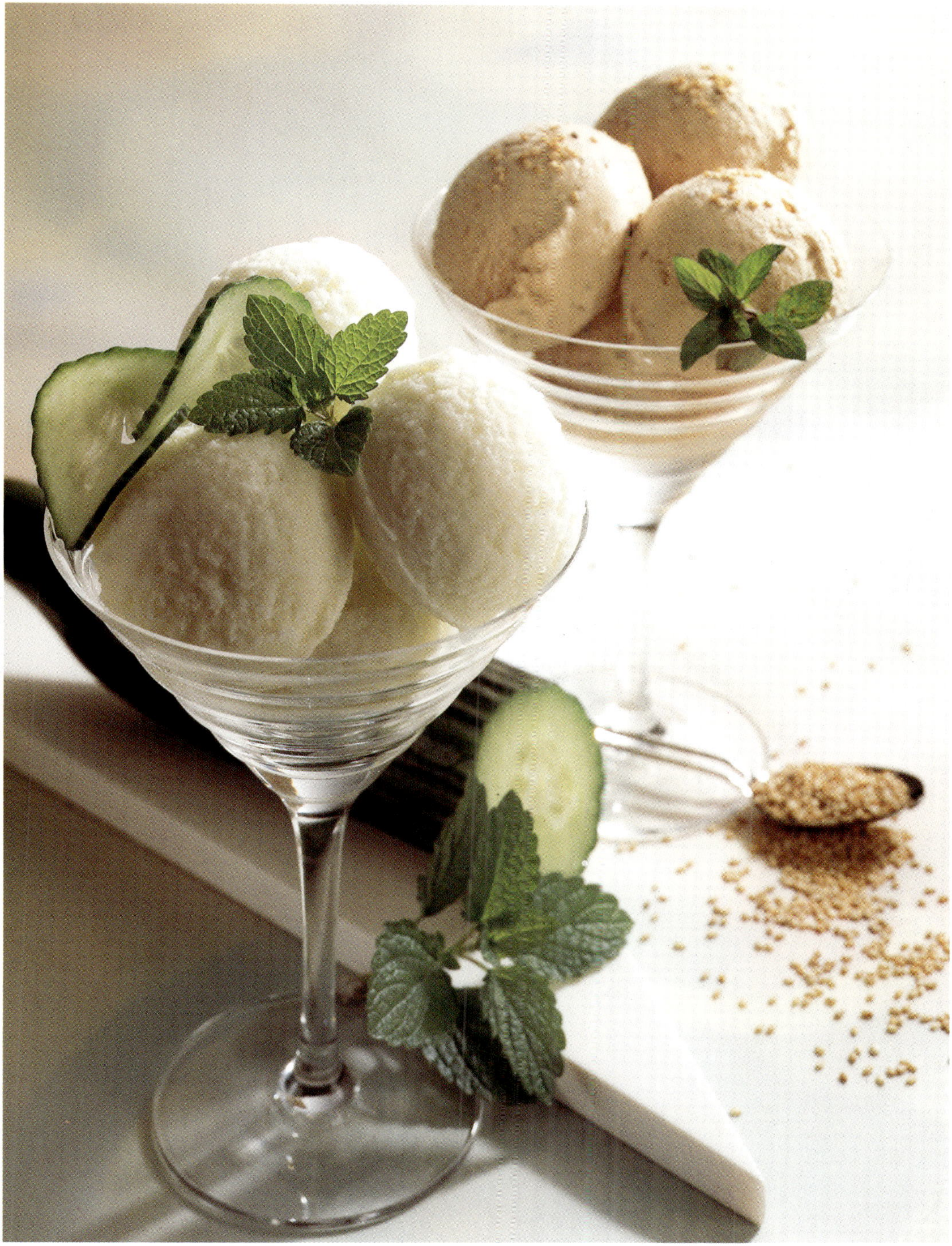

Zum Gebrauch

Damit Sie Rezepte mit bestimmten Zutaten noch schneller finden, stehen in diesem Register zusätzlich auch beliebte Zutaten wie Himbeeren oder Joghurt – ebenfalls alphabetisch geordnet und halbfett gedruckt – über den entsprechenden Rezepten.

REZEPT- UND SACHREGISTER

IMPRESSUM

Umschlag-Vorderseite:
Die Rezepte für Rhabarber-Sahne-Eis und Heiße Himbeeren finden Sie auf Seite 24.

Wichtiger Hinweis:

Beim Zubereiten von Eiscreme muß auf absolute Sauberkeit und Hygiene bei allen verwendeten Zutaten und Geräten geachtet werden, da die Keimbelastung bereits nach kurzer Zeit erheblich zunimmt. Deshalb sollte auch die zubereitete Eismasse sofort eingefroren werden. Aus hygienischen Gründen unbedingt immer ganz frische Eier verwenden. Selbstgemachtes Eis nicht länger als eine Woche aufbewahren.
Die Eismaschine muß den allgemeinen Sicherheitsbestimmungen entsprechen und das Kabel muß so gesichert sein, daß man nicht daran hängenbleibt. Die Hinweise zum Umgang mit dem Gerät in der Bedienungsanleitung sollten aufmerksam gelesen und befolgt werden.

Redaktion:
Dr. Stephanie von Werz-Kovacs
Layout: Ludwig Kaiser
Herstellung: Jürgen Bischoff
Fotos: Odette Teubner,
Kerstin Mosny
Umschlaggestaltung:
Heinz Kraxenberger
Satz: Hesz Satz Repro, Augsburg
Reproduktionen: Pfau, Mühlheim
Druck und Bindung: Kaufmann, Lahr
ISBN 3-7742-1179-5

Auflage 8. 7. 6. 5.
Jahr 1999 98 97 96

Marey Kurz

stammt aus einer deutsch-baltischen Familie. Als junges Mädchen kochte sie oft für Eltern und Geschwister und interessierte sich dabei für alles, was mit Essen und Trinken zusammenhängt. Seit über 25 Jahren kocht und bäckt sie zu Hause. Marey Kurz betrachtet es als Glück, ihre langjährigen Erfahrungen in der eigenen Küche in einer Reihe von erfolgreichen Vollwertkochbüchern und Beiträgen zu Standardkochbüchern weitergeben zu können. Weil weder sie noch die Familie und Gäste auf vergnügliches Eisessen verzichten wollten, probierte sie jahrelang Eisrezepte mit frischen, natürlichen Zutaten aus. Die eigenen Kreationen waren nicht nur bekömmlicher, sondern überraschten vor allem kulinarisch mit »Spitzenklasse« und Vielfalt.

Odette Teubner

wurde durch ihren Vater, den international bekannten Food-Fotografen Christian Teubner, ausgebildet. Heute arbeitet sie ausschließlich im Studio für Lebensmittelfotografie Teubner. In ihrer Freizeit ist sie begeisterte Kinderporträtistin – mit dem eigenen Sohn als Modell.

Kerstin Mosny

besuchte eine Fachhochschule für Fotografie in der französischen Schweiz. Danach arbeitete sie als Assistentin bei verschiedenen Fotografen, unter anderem bei dem Food-Fotografen Jürgen Tapprich in Zürich. Seit März 1985 arbeitet sie im Fotostudio Teubner.